······中国基础教育国家级教学成果文库······

活动的魅力

中小学活动德育的理论与实践

杨春良 等 著

图书在版编目(CIP)数据

活动的魅力：中小学活动德育的理论与实践/杨春良等著.
—北京：北京师范大学出版社，2020.1(2023.3 重印)
(中国基础教育国家级教学成果文库)
ISBN 978-7-303-25243-5

Ⅰ.①活… Ⅱ.①杨… Ⅲ.①德育—教学研究—中小学
Ⅳ.①G631

中国版本图书馆 CIP 数据核字(2019)第 252040 号

图书意见反馈 **gaozhifk@bnupg.com 010-58805079**
营销中心电话 010-58802755 58800035
北师大出版社教师教育分社微信公众号 京师教师教育

出版发行：北京师范大学出版社 www.bnupg.com
北京市西城区新街口外大街 12-3 号
邮政编码：100088
印　　刷：天津旭非印刷有限公司
经　　销：全国新华书店
开　　本：710 mm×1000 mm 1/16
印　　张：14.25
字　　数：200 千字
版　　次：2020 年 1 月第 1 版
印　　次：2023 年 3 月第 2 次印刷
定　　价：46.00 元

策划编辑：路 娜 郭 翔　　责任编辑：康 悦
美术编辑：焦 丽　　装帧设计：焦 丽
责任校对：段立超　　责任印制：陈 涛

版权所有 侵权必究
反盗版、侵权举报电话：010-58800697
北京读者服务部电话：010-58808104
外埠邮购电话：010-58808083
本书如有印装质量问题，请与印制管理部联系调换。
印制管理部电话：010-58805079

“中国基础教育国家级教学成果文库”
编委会

主　任　王　湛

委　员（按姓氏笔画排序）

文　喆　史宁中　朱小蔓　朱慕菊
杨念鲁　张民生　张绪培　钟秉林
顾明远　郭振有　陶西平

总　　序

教育兴则国家兴，教育强则国家强。中共中央、国务院高度重视教育事业，始终将教育事业摆在优先发展的位置上。在中共十九大报告中，习近平总书记明确指出："优先发展教育事业。建设教育强国是中华民族伟大复兴的基础工程，必须把教育事业放在优先位置，深化教育改革，加快教育现代化，办好人民满意的教育。要全面贯彻党的教育方针，落实立德树人根本任务，发展素质教育，推进教育公平，培养德智体美全面发展的社会主义建设者和接班人。"2018 年 9 月 10 日，全国教育大会在北京召开，习近平总书记强调：在党的坚强领导下，全面贯彻党的教育方针，坚持马克思主义指导地位，坚持中国特色社会主义教育发展道路，坚持社会主义办学方向，立足基本国情，遵循教育规律，坚持改革创新，以凝聚人心、完善人格、开发人力、培育人才、造福人民为工作目标，培养德智体美劳全面发展的社会主义建设者和接班人，加快推进教育现代化、建设教育强国、办好人民满意的教育。

"两个一百年"奋斗目标的实现、中华民族伟大复兴中国梦的实现，归根结底靠教育，而基础教育则是实现伟大复兴中国梦、提高民族素质、促进人的全面发展的奠基工程。为此，要鼓励校长和教师创新教育思想、教育模式和教育方法，在实践中办出特色，教出风格。

近些年，基础教育领域教育教学成果斐然，涌现出了一大批有特色的学校、有个性的校长、有风格的教师。在此背景下，2014 年，教育部委托中国教育学会组织评选了首届"基础教育国家级教学成果奖"，共有 417 项成果获奖。这些获奖成果是改革开放以来我国基础教育改革创新的缩影，凝聚着几代教育工作者的智慧和心血。获奖者中有的是历史悠久、文化积淀深厚，至今仍然在实践中勃发着育人风采的名校；有的是建校时间短，在校长和教师的勠力同心、共同耕耘下创出佳绩的新学校；有的是办学理念先进、管理经验丰富、充满活力的校长；有的是师德高尚、业务精湛、热爱学生的教师。总结和推广他们的经验，是推动我国基础教育改革、提高基础教育质量、实现基础教育内涵式发展的重要动力，也是写好教育“奋进之笔”、实现教育现代化的重要保证。

为了宣传首届“基础教育国家级教学成果奖”的获奖成果，充分发挥优秀教学成果的示范、引领和借鉴作用，有效促进基础教育的教学改革与质量提升，教育部委托中国教育学会与北京师范大学出版社共同组织编写了“中国基础教育国家级教学成果文库”(以下简称“文库”)。文库围绕首届“基础教育国家级教学成果奖”中的特等奖、一等奖及部分二等奖进行组稿，将每一项教学成果转化为一部著作，深入挖掘优秀成果的创新教育理念与教育思想，系统展示教育教学模式和教育方法，着力呈现对教育突出热点问题和难点问题的工作思路、解决措施和实际效果。这套文库将成为宣传优秀教学成果、交流成功教改经验、促进基础教育教学质量提升的综合服务平台。

新时代呼唤更好的教育，人民群众期盼更好的教育。只有扎根中国大地，努力挖掘民族文化底蕴，不断吸收优秀文明成果，始终坚定本土教育自信，持续创生本土教育智慧，才能创造富有中国特色的教育理论和教育文明，推进教育教学改革实践探索；才能切实回应人民群众最现实的教育关切，增强人民群众的教育获得感；才能真正办好人民满意的教育，满足人民对美好生活的向往。人民满意的教育既是我们奋斗的目标，也是我们前进的动力。

2018 年 9 月

前　言

学校德育的有效性问题一直是世界各国基础教育面对的首要问题，也是学校德育改革的主要问题。20 世纪下半叶以来，科学技术的迅速发展极大地改变了生产的面貌并带来了社会的巨大变革，致使青少年道德成长面临前所未有的复杂环境，也使学校德育面临巨大的挑战：传统学校德育忽视学生主体性以及重道德知识灌输、轻道德实践体验所导致的青少年在道德方面知行脱节的问题日渐突出。如何推进学校德育现代化以增强德育的适应性、提高德育的实效性，成为当代教育理论界和中小学校努力探索的核心问题。正是在这样的背景下，世界范围内以发展学生主体性人格、提高德育实效性为目标的现代德育模式应运而生，如源于欧美的价值辨析模式、认知发展模式、体谅关心模式、社会行动模式、完善人格模式，以及我国教育学者提出的价值观导向模式、情感体验模式、行为践履模式、活动德育模式、心理辅导模式等。在诸多德育模式中，活动德育模式因其兼具行为践履、情感体验和价值观导向等多重价值以及它最能体现道德发展的实践性本质与学生的主体性特点而备受推崇。

实践教育或体验教育一直是我国学校教育特别是中小学德育工作的薄弱环节。为探索体验性德育，加强德育实践环节，1994 年 9 月，笔者所在的深圳市育新学校创办了全国第一个综合型德育实践活动基地——深圳市中小学德育基地，分期分批组织全市中小学生到基地开展学工、学农、学军、法制教育、环境教育等社会实践活动，教育效果明显。笔者作为学校的拓荒者之一参与了该基地的策划、创办及其此后 20 多年不断发展的全过程。1995 年 5 月，深圳市创办综合型中小学德育基地的举措得到国家教委有关领导的充分肯定，被评价为“新思路、新模式、新特色、新起点”。1995 年下半年以后，在广东省教育厅的大力推广下，广东省各市、区(县)纷纷借鉴深圳经验创办中小学德育基地。一时间，德育基地成为广东教育的一大亮点。1997 年以后，因国家教委和中国教育学会德育专业委员会的肯定与宣传，全国多个省、市陆续参照深圳“育新模式”创办未成年人社会实践基地(或称素质教育基地)。2001 年第八次基础教育课程改革独立设置综合实践活动课以后，特别是 2011 年至 2015 年教育部、财政部利用中央彩票公益金支持建立 150 家全国示范性中小学综合实践活动基地以来，以原中小学德育基地(社会实践活动基地)为模板的中小学综合实践基地(其中包括大量民办基地)如雨后春笋般在全国各地纷纷建立起来，有力地加强了中小学实践教育，同时也带动了中小学校内德育的改革与创新。但是，我们也注意到，无论是中小学校内的德育活动，还是校外实践基地的德育活动，由于缺乏科学理论指导下的课程化设计和规范化组织，往往存在形式化、表面化和浅层次等问题，致使活动德育的功能与价值尚未得到充分发挥。

2005 年上半年，笔者有幸参加了深圳市教育局组织的为期三个月的赴美(美国协和大学尔湾分校)教育培训，较系统地学习了西方现代教育理论和教育模式，多次深入美国中小学观摩课堂教学和课外活动，并与美国教育同行进行面对面交流……美国中小学注重利用社会资源，科学、规范地开展品德教育的做法和经验启发我对国内中小学及社会实践基地的德育活动进行了更深入的反思。2006 年，笔者着手进行“中小学活动德育模式的探索与实践”这一课题的实践研究，希望通过较系统的理论学习和实践探索，进一步规范和提升本校初中部、职高部及综合实践基地德育活动的设计与实施，建立活动德育课程体系，拓展活动德育课程资源，完善活动德育运行机制，打造优秀的活动德育师资队伍等。该课题于 2007 年 1 月获广东省教育厅批准立项，成为广东省“基础教育课程改革加强思想政治教育实验研究”重点项目之一。2008 年 12 月，该课题顺利结题并荣获广东省教育厅颁发的“优秀成果奖”(一等奖)，同时笔者被评为“课题研究先进个人”；2011 年 12 月，该课题成果被教育部评为“全国中小学德育工作优秀案例”。2012 年 4 月至 5 月，笔者再次参加深圳市教育局中学校长教育管理与创新高级研修班，赴美国布朗大学学习。带着有关活动德育研究的一些问题，我特别注意考察了北美中小学实践教育的开展情况，获得了许多有益的启示。回国后，我对活动德育模式做了进一步的理论充实和实践探索。2014 年 8 月，活动德育研究成果荣获“中国基础教育国家级教学成果二等奖”；2015 年 12 月，该课题成果被深圳市教育局评为“深圳市 2015 年度优秀教育科研成果推广应用项目”。

本书是应中国教育学会和北京师范大学出版社共同出版“中国基础教育国家级教学成果文库”之约，在课题研究报告《中小学活动德育模式的探索与实践》的基础上撰写而成的。本书作者均来自深圳市育新学校，写作分工是：杨春良，课题业务主持人和主要研究者，负责全书框架设计、各章节内容提纲设计，承担绪论、第一章、第二章的全部内容和第三章、第四章、第五章、第六章、附录的部分内容的撰写工作，以及全书的统稿、修改工作；周玫瑰老师承担第三章、第四章、第五章的部分内容的撰写工作；吕超老师承担第六章部分内容和附录中部分案例的撰写工作；王孟洋老师承担附录中部分案例的撰写工作。

本书将活动德育置于国际和国内教育改革的大背景下进行考察，突出了活动德育的现代性；将活动德育与传统德育和现代认知性德育等进行比较，突出了德育的主体性与实践性；注意做到理论与实践相结合，较系统地梳理了与实践教育和活动课教学相关的理论以及已有的活动德育研究成果，较完整地呈现了活动德育模式的结构，较全面地介绍了中小学或综合实践基地构建活动德育模式的途径与方法，如活动德育课程开发、活动德育课程的实施、活动德育课程资源的开发与利用以及活动德育课程的评价等，另外还提供了部分活动德育案例供同行参考。总之，我们希望本书能对中小学和综合实践基地构建活动德育模式或规范、科学地开展德育活动发挥一定的指导作用。

活动德育实践研究先后得到深圳市教科院叶文梓院长、潘希武副院长等专家的热情指导；深圳市教育局和深圳市育新学校为笔者创造了多次赴国内外著名高校研修的机会，极大地开阔了笔者的教育视野；深圳市育新学校原校长余建南先生和我的同事们为课题研究提供了全面支持；深圳市教育局和广东省教育厅思政处积极推荐该成果参加省级、国家级优秀教育教学成果交流评选，也最终促成了该书稿的完成，在此一并表示衷心的感谢！特别感谢“中国基础教育国家级教学成果”文库编委会和北京师范大学出版社对该研究成果的垂青，为此书稿提供了宝贵的出版机会。

杨春良

2019 年 7 月

目　　录

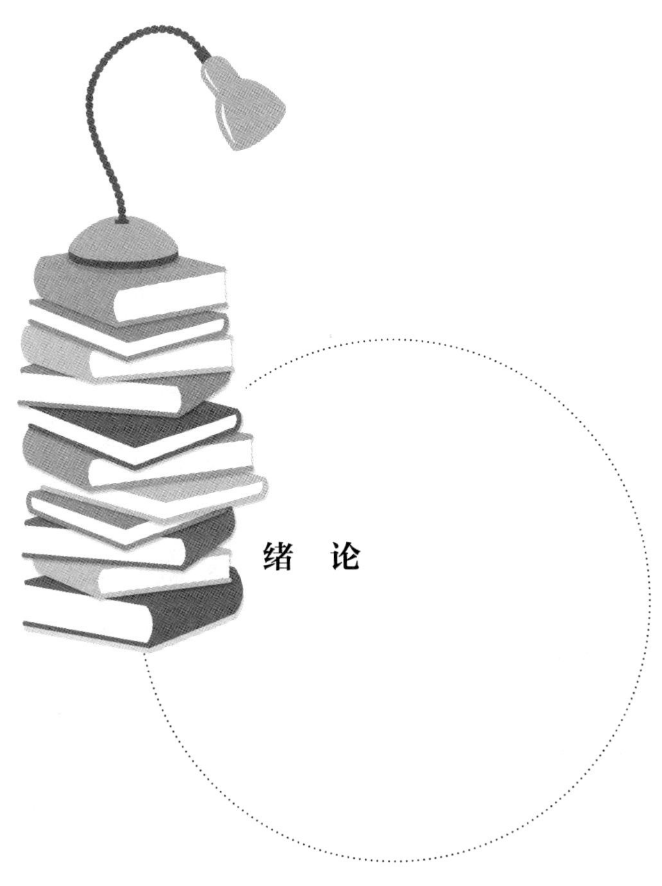

绪　论

道德是人类出于自身需要而进行的一种文化创造，是衡量人的行为正当性的观念标准，是一定社会调整人与人之间以及个人与社会之间关系的行为规范的总和。无论是对个人还是对社会来讲，道德都具有重要的价值：从个人的视点看，良好的道德品质反映了个人与他人、个人与社会以及个人与自然之间所建立的和谐关系，这是个人生存、发展的基本条件，也是个人人生幸福的重要标志；从社会的视点看，社会成员优良的道德品质是构建“民主法治、公平正义、诚信友爱、充满活力、安定有序、人与自然和谐相处的社会”即和谐社会的重要基石。正因为道德如此重要，所以从古至今，世界各国、各民族无不重视道德建设，无不重视道德教育，特别是在当今时代，世界各国都把改革学校道德教育、提高道德教育实效作为国家稳定和可持续发展的重要战略。

一、 当代世界学校德育的发展趋势

（一）道德危机： 世界各国面临的挑战

20 世纪下半叶以来，科学技术的迅速发展带来了生产和社会的巨大变革，人们在充分享受生产大发展所带来的现代物质文明的同时，也为社会变迁所造成的道德危机特别是学校道德危机而忧虑。1995 年，时任联合国秘书长加利在社会发展问题世界首脑会议上指出：“当今世界正面临着社会和道德危机。”①加利这一判断产生的背景是，20 世纪 80 年代以后，世界上多个国家出现了严重的道德滑坡现象。例如，在美国，当时青少年的自我伤害行为(自杀、少女怀孕和滥用毒品等)和伤害他人的行为(青少年暴力、校园无序等)呈急剧增加态势，以至于 20 世纪 90 年代的美国青年被称为“漠不关心的一代”和“自我的一代”。他们只顾及个人目的，追求个人私利，放弃政治和社会责任……②在法国，当时的青年被人们称为“被牺牲的一代”，他们贪图享乐，吸毒，无人生方向。俄罗斯也

---

① 桑洪臣：《世界面临社会和道德危机》，载《光明日报》，1995-03-03。

② 王瑞荪：《比较思想政治教育学》，87～88 页，北京，高等教育出版社，2001。

不例外，当时的俄罗斯精神病专家鲍里斯·德拉普金认为，俄罗斯青少年一代正在变得蠢笨，他们在性格方面形成病态的劣性：残忍，好撒谎，有怨恨心理，对什么都无所谓。① 日本自20世纪70年代中后期尤其是80年代后期起，校内暴力、欺骗同学、逃学、自杀等“教育荒废”现象已发展到相当严重的程度，成为各种社会问题中的核心问题。一位全球问题专家指出：“工业化导致了越来越多的青少年受到损人利己动机的驱使，对为社会服务和树立对社会利益的责任感越来越没有兴趣。”总之，20世纪八九十年代，学校培养出来的学生往往缺乏在多元社会生活的准备，不能很好地处理人际关系和家庭生活，不能很好地对待职业、个人生活和政治，不能很好地利用闲暇时间；许多青少年在寻求自我实现、个性张扬时获得的只是感官的刺激、物质的享受和性的满足。人们惊呼“道德教育处于危机之中”。②

（二）加强学校德育：世界各国面临的共同课题

为了解决人类面临的越来越严峻的道德问题，有关国际教育组织和各国政府都对学校德育给予了密切关注与高度重视，提出了“让道德教育来解决道德问题”的口号。各国都在探索提高学校德育实效性的途径与方法。

1986年10月，联合国教科文组织在日内瓦召开的第四十届国际教育会议上明确提出，要“促进个人的全面、和谐发展，其方法是提供他(她)智、德、体、美、社会教育和为社会生活做准备的条件，同时用和平、国际了解、合作和相互尊重的精神教育年轻一代”。关于教育的途径与方法，该报告指出，要“使校内教育与校外环境提供的多种教育方法密切结合”。③ 国际教育委员会主席S. 拉姆勒指出，为培养21世纪的公民，“我们必须不断设法帮助学生学会‘用他人的眼光、心理、心态来看待事

---

① 王冬桦：《东西方道德教育比较研究》，载《比较教育研究》，1996(4)。

② 钟启泉：《西方德育原理》，403页，西安，陕西人民教育出版社，1998。

③ 周南照：《联合国教科文组织第四十届国际教育会议》，载《外国中小学教育》，1987(2)。

物’”，“建立一种要求我们为地球上人们更好地生活负责的价值体系”。①

20 世纪 80 年代以后，基于美国青少年品行严重滑坡的趋势和美国家庭道德教育功能衰退的状况，美国民间教育组织和联邦政府都将教育改革与加强道德教育置于极为重要的地位。1983 年，美国优质教育委员会发表报告《国家处于危险之中：教育改革势在必行》，该报告开篇即警示国人："我们的国家处于危险之中……社会的基础教育正受到如潮水般平庸之才的侵蚀，威胁我们国家和人民的未来。"美国前总统乔治·赫伯特·沃克·布什(老布什)在他的《重视优等教育》一文中明确指出“学校不能仅仅发展学生智力，智力加品德才是教育的目的”。他还强调“必须把道德价值观培养和家庭参与重新纳入教育计划”。1991 年 4 月，老布什签发了全美教育改革文件《美国 2000 年：教育战略》，这份纲领性文件强调：学校道德教育要求学生的历史、地理知识合格；学生成年后必须掌握在社会竞争中和履行公民义务与责任时必需的知识、技能；每所学校都没有毒品和暴力，提供一个秩序井然的有纪律的学习环境。1994 年 3 月克林顿签署、1994 年 7 月生效的《2000 年目标：美国教育法》强调："要恢复国际竞争力，必须从培养人才开始"，要“使美国每所学校都成为无毒品、无暴力、未经授权不得携带武器和酒精制品的场所，并成为纪律好、充满好学上进风气的场所”。在美国政府和民间教育组织的大力推动下，20 世纪 80 年代末 90 年代初，全美学校掀起了声势浩大、涉及面广的新品格教育运动，被称为 20 世纪美国学校道德教育的“第三次浪潮”；进入 21 世纪后，教育改革与品格教育运动在美国公立学校持续开展。

英国于 1978 年建立了社会道德委员会、社会道德教育中心，研究制订统一的学校德育计划。20 世纪 80 年代，英国教育部把培养“有德行、智慧、礼仪和学问”的绅士作为教育的出发点，颁布了《道德教育大纲》，规定学校必须向学生传授道德价值观。1992 年日本颁布的《1992 教育法》将道德教育提到国家战略层面；1993 年，英国国家课程委员会颁布的《精神和道德发展》指出：“学生的道德和精神发展不仅要通过宗教和集体礼

① 田国秀：《重视道德教育是各国教育发展的共同趋势》，载《首都师范大学学报》，1996(5)。

拜来进行，而且应将其贯彻到学校的每种课程和学校生活的各个方面。”

日本是当代非常重视学校道德教育的国家。20 世纪 80 年代以后，日本的教育改革基本集中于学校德育改革。1988 年，日本临时教育审议会在其教改报告中指出：“能否培养出在道德情操和创造力方面都足以承担起 21 世纪的日本的年轻一代，将决定未来的命运，当务之急是要加强学校的道德教育。”①日本在 1989 年提出“道德教育工作是关系日本 21 世纪命运的关键，道德教育应摆在学校教育的首位”，还提出了加强学校道德教育的五个关键措施。日本在其规划的《21 世纪的教育目标》中明确指出：“只有重视思想素质的培养，才能保证人才的健康成长。”

（三）当代国外学校德育改革发展的趋势

1. 德育目标：关注道德人格发展，重视人的个性发展

德育目标由德育观所决定。当代德育观主要有三种，即道德内化观、价值选择观和认知发展观。

(1)道德内化观

道德内化观认为道德教育的目标就是把那些维系社会秩序的、人人都应遵守的道德原则和规范传授给学生，并促进学生将这些道德价值规范和要求内化为自己的道德意识与内在需要，使学生能够根据这些原则和规范来指导他们日后的品行。这是一种历史悠久的传统德育观，它存在封闭性、灌输性和强制性等忽视学生主体性的弊端。

(2)价值选择观

当今社会的价值观日趋多样化，人们必须具备在复杂多样甚至是价值冲突的价值观中做出合理的选择。价值选择观认为，道德教育的目标就是促进学生自主的道德价值选择和道德行为能力的发展，最有代表性的理论是美国学者拉斯思(L. Raths)、西蒙(S. Simon)、哈明(M. Harmin)等提出的价值澄清理论。价值澄清理论把道德看作一种能力，一种人们对道

① 焦焕章：《关于国外学校德育的若干考察——兼谈对我们的启示》，载《比较教育研究》，1995(5)。

德价值观进行独立选择的综合能力。道德教育的目标就是创造条件，帮助学生澄清价值观：一是教师帮助学生通过检验各自面临的有关价值观的问题，澄清学生在价值观上的模糊和混乱，使学生确立自己明晰的价值观；二是教师使学生学会检验的过程、方法和技术，以便他们在日后的生活中具有独立进行价值判断和价值选择的能力。价值澄清理论反对直接传授和灌输道德价值观。

(3)认知发展观

认知发展观认为，一个人的道德或道德判断能力是呈阶段性发展的，道德教育的目标就是促进道德认知能力的发展。科尔伯格等人把儿童的道德发展划分为三个水平六个阶段，认为道德教育就是通过创造条件去促进儿童的道德判断沿着内在的阶段顺序向较高阶段发展。认知发展观反对道德灌输和价值选择，但它自身存在忽视情感和意志等方面的培养以及忽视道德行为的发展等不足。

上述三种德育观各有千秋。当代道德教育改革发展的趋势是：关注道德人格发展，重视人的个性发展，既注意传授道德原则、道德规范以及运用这些原则和规范的知识，又注重通过实践体验等方法培养儿童创造性地和独立地解决道德冲突的能力。

2. 德育内容：回归现实生活，密切联系社会

美国于20世纪80年代后兴起的新品格教育运动强调教授传统美德和培养良好习惯。虽然不同的专业人士和团体在道德品质内容的表述上存在一定的差异，但总体上看，他们所推崇的道德价值比较一致。例如，威廉·贝内特在他的《美德书》中将同情、责任、友谊、工作、勇气、毅力、诚实、忠诚、自律九个美德作为品格教育的基本内容；基尔帕特里克认为应培养勇气、公正、自制、诚实、尊重、慈善、服从法定权威等品质；里考纳则以尊重与责任为核心，进一步提出学校还应教授诚实、同情、自律、公正、助人、审慎、合作和勇敢等系列价值观；品格教育伙伴(CEP)组织推崇将尊重、负责、诚实、自制、公平和关心这样的核心价值作为品格教育的主要内容。近些年，美国还将纪律教育、国家法纪教育、民主教育、和平教育、国际理解教育、现代人生活方式教育、消费教育和保护环境教育等内容纳入学校道德教育。可见，美国道德教育在恢复传统道德价值观教育的同时也趋向面向现实生活，其内容选择的原则一般是根据社会需求和人的发展的要求。①

英国学校道德教育在1988年以前没有全国统一的目标和课程，课程目标通常由英国各地方教育当局负责制定，且学校有较大的权力决定各自的课程安排。直到1988年教育改革后，英国开始实施全国统一课程，其内容主要包括以下几个方面：一是关于宗教知识和传统的教育，其中很大一部分内容是关于个人和社会价值观念的，主要帮助学生理解现代社会中宗教和文化的多样性，帮助学生确立个人的价值观，使学生理解道德价值观，尊重不同的种族、宗教和生活方式；二是关于培养道德理性(判断与选择)的内容，一方面发展学生的道德判断能力和预知行为后果的能力，另一方面培养学生将习得的知识、能力与道德决定联系起来的能力，使学生的思想能对行为做出理性说明；三是关于个人品行培养的内容，提倡培养一种“有德行、智慧、礼仪和学问”的绅士。例如，英国小学教育目的规定：鼓励儿童对文明的兴趣和关心；帮助儿童树立责任感；启发他们树立理想；培养他们的情操，使他们能理解并效法生活中最优秀的范例。国家规定的学校课程指出，学校道德教育旨在谋求促进正直、体谅他人的行为以及学生对行为和信仰之间的关系具有一种正确认识。

当代日本学校德育的内容丰富而广泛，例如，1977年7月文部省颁布的《日本小学道德课教学大纲》和《日本中学道德课教学大纲》将中小学的德育内容概括为3个方面28个德目。①关于日常生活中的基本行为规范，包括3项：尊重生命和健康安全，礼貌与遵守时间，钱物的使用。②关于个人的生活态度，包括12项：自主自律，自由与责任，明朗与诚实，正义与勇气，克服困难，反省、节制，爱护自然，虔敬，重视个性，进取心，合理的态度、追求真理，创新精神。③关于在社会生活中的态度，包括13项：热情、同情，尊敬、感谢，信赖、合作，公正、公平，

---

① 陈平：《美国道德教育发展研究》，332～333页，南京，南京大学出版社，2011。

宽容，遵守纪律，权利与义务，勤劳，社会公德，家庭生活，热爱学校，爱国心与乡土爱，国际理解与人类和平。① 从德育课程的角度讲，日本与德育有关的课程包括公民科、伦理科、社会科、修身科、生活指导课和劳动课等方面。近些年，随着社会政治经济形势的变化和发展，日本学校德育内容除了传统的生活教育、伦理道德教育、纪律教育、劳动纪律、爱国主义教育、人生观教育以外，又有了新的拓展，如个性教育、国际理解教育、自然教育等，通过对学生精神、情感的陶冶，对学生进行尊重个性的教育、自我约束力的教育、劳作教育等。日本为了使儿童保持勤俭美德，从儿童 3 岁起就实施消费教育。②

综上所述，当代世界各国道德教育内容的现代发展趋势表现出以下特点。一是道德教育内容越来越丰富，包括伦理教育、社会公德教育、职业道德教育、家庭生活道德教育、环境伦理教育、纪律和法制教育、民主教育、和平教育、国际理解教育、人道主义教育、劳动教育、消费教育、心理健康教育等。二是道德教育内容与现实生活紧密联系，注意结合社会需要和个人发展需要来设计道德教育内容，改变原来单纯从社会需要出发选择道德教育内容的做法。为使德育更适应学生的生活实际，更容易为学生所接受，在选择道德教育内容时，学校还应考虑学生的身心发展需要和实际水平，根据儿童道德认识发展的阶段和水平确定道德教育内容。三是重视促进学生个性发展的内容。③

3. 德育途径与方法：突出以培养道德实践能力为重点的多元整合

历史上关于学校德育课程的实施途径大体上有两种主张，即作为传统品格教育的德目主义和作为现代德育的全面主义。

德目主义亦称直接教学，即开设专门的德育课程(西方的宗教课、公民课或德育课等)，从知识和理论角度入手，通过直接讲授道德价值让学生理解并熟记道德条文，以达到培养学生品德的目的。历史上，德目主

---

① 石鸥平、张倩苇：《战后日本中小学德育课程的改革及其特色》，载《比较教育研究》，1995(5)。

② 冯增俊：《当代西方学校道德教育》，462 页，广州，广东教育出版社，1993。

③ 梁忠义：《比较教育专题》，104～106 页，长春，东北师范大学出版社，2006。

义的途径与方法曾长期占据学校道德教育的主导地位。由于德目主义的道德教育事实上是用一种灌输的方法培养道德观念，因此其弊端显而易见："一方面由于德目的僵化、抽象、绝对、神秘化，容易使它脱离现实的社会关系；另一方面，它忽略了道德的价值主体性特征，以道德的约束、规范性取代了它固有的引导性和创造性，从而最终把道德规范变成了一种纯粹外在的、消极被动的约束性概念。"①正因如此，德目主义在20世纪30年代遭到杜威等进步主义教育家的尖锐批评。杜威反对按照特定的观念性的德目、采取说教的方法使学生形成划一的道德价值观的做法，主张"以生活为中心"来改造学校教育，即将公民生活引入学校教育，强调通过全部教育课程渗透道德教育，并充分利用学校教育的一切机会去养成学生的道德品质，培养优秀的美国公民，这就是所谓全面主义道德教育。20世纪30年代后，全面主义道德教育在美国学校教育中逐渐占据上风并风行一时，加拿大、澳大利亚、日本、新加坡、韩国、菲律宾等国家也纷纷采用全面主义道德教育模式，注重间接教学，突出道德实践和生活指导等。但是，全面主义道德教育在实施过程中也同样暴露出一些问题：其一，它要求学校内外各方面、各环节协调一致发挥整体教育力量，这在实际操作中往往难以实现；其二，它要求各学科教师"人人负责实施道德教育"，但由于无法监督，结果变成"人人都不管的道德教育"；其三，由于缺少统一的评价标准，它容易导致道德教育随意化或流于形式，等等。

鉴于德目主义与全面主义各有利弊，20世纪80年代中期，美国品德教育家里考纳等人吸取两者的积极成分，克服价值澄清、道德认知发展和道德推理三种德育方法所共有的重思维轻行动、重过程轻结论以及过分强调教师价值中立等不足，提出了"重视全面、综合的品格教育"的主张。里考纳认为，品格由道德知识、道德情感、道德行为三个相关的部分构成，知善、向善和行善构成好的品格，它是思想的习惯、心灵的习惯、行动的习惯。这三个部分是道德生活所必需的，且每一部分都与其

① 班华：《现代德育论》，160页，合肥，安徽人民出版社，2001。

他两个部分相联系。他强调，“学校必须帮助学生理解核心价值，接受、承认它们并在自己的生活中践行”，必须将学校内外所有人员、环境、资源、活动等因素都看作学生品格形成的影响源，使之成为培养学生品格的“教育者”。由于里考纳等人的全面教育方法既不同于秉承进步主义教育思想的现代道德教育，也不同于传统的灌输式的品格教育，因此人们将其称为“新道德教育”或“新品格教育”。如今，受美国新品格教育的影响，世界各国的学校道德教育形式已逐渐从单纯的德目主义或全面主义转向两者的有机结合，即既开设专门的道德教育课程，讲授基本规范和道德准则，又注重在各门学科和日常生活中对学生进行道德教育；既重视道德知识学习和道德认知能力的培养，又重视通过各种活动和社会实践培养学生的道德实践能力。

二、 我国当代学校德育问题分析

中华人民共和国成立以来，党和国家高度重视社会道德建设与学校德育，始终在国家教育方针中将德育置于首要地位，在各个时期都出台了关于加强公民道德建设特别是加强学校德育的重要文件。学校教育为国家输送了大量德才兼备的社会主义建设者和接班人，各条战线涌现了一批又一批先进典型和道德模范。但是，长期以来，特别是改革开放初期的 20 世纪 80 年代至 90 年代，国民经济由计划经济过渡到市场经济，“社会的一些领域和一些地方道德失范，是非、善恶、美丑界限混淆，拜金主义、享乐主义、极端个人主义有所滋长，见利忘义、损公肥私行为时有发生，不讲信用、欺骗欺诈成为社会公害，以权谋私、腐化堕落现象严重存在”①。在学校，青少年厌学逃学、施暴、抽烟酗酒、吸毒、偷窃乃至自杀现象时有发生。上述道德问题出现的原因是复杂的，社会环境、家庭环境都是重要的影响因素，但是，学校道德教育不适应时代发展要求、不顺应当代青少年的道德成长规律，导致道德教育的实效性不高，无疑是其中的重要原因。

---

① 中共中央：《公民道德建设实施纲要》，2001-09-20。

那么，为什么长期以来我们学校德育工作的实效性不高呢？分析起来主要有以下几点原因。

（一）德育说起来重要，做起来其实不重要

在应试教育的大背景下，我国的学校、家庭和社会长期存在重智育轻德育的功利化倾向。因为升学考试没有德育这一科，即使综合评价中有“德育评价”一项，那也是主观性很强、随意性很大且实际上是“仅供参考”的定性评价，不影响考试总分，与升级或升学与否基本无关。何况为了提高升学率，一些负责德育评价的教师在评价时往往会适当拔高，即使个别学生在品德表现方面有“瑕疵”，一般也会网开一面，不会让学生因品德问题丧失升学、参军等机会。

尽管中共中央、国务院及相关部委在各个历史时期都颁布了有关加强学校德育工作的重要文件，这些文件一再强调青少年德育工作“直接关系到中华民族的整体素质，关系到国家前途和民族命运”，强调要以德育为首，但是，由于缺乏具体的“行动路线图”，缺乏科学的实践策略和有效的督导评价机制，学校德育依然如故。

（二）德育目标突出政治需要，忽视个人发展需要

中华人民共和国成立后相当长的一段时期内，学校德育目标一直突出国家本位、政治本位，即重视从国家需要和政治需要出发确立德育目标，培养“社会主义事业的建设者和接班人”，把培养“大公无私”“公而忘私”的集体主义精神作为德育的主要目标，忽视了学生个体素质发展的需要，忽视了对学生健全人格的塑造，忽视了学校、社区、家庭生活中具体的道德要求。同时，德育目标一刀切，没有根据不同年龄段学生的认知水平和个性方面存在的差异形成具有针对性的、层次化的德育目标序列。

中华人民共和国成立初期百废待兴，中小学德育工作处于始建阶段。当时，教育部规定：“政治课教师是马克思列宁主义和毛泽东思想的宣传员、兴无灭资的战士，他们在学校中肩负着培养革命接班人，同资产阶级争夺青年一代的艰巨任务。”

1952 年，教育部规定的中学德育目标是，发展学生效忠祖国、为人民服务的思想，养成其爱祖国、爱人民、爱劳动、爱科学、爱护公物的国民公德和刚毅、勇敢、自觉遵守纪律的优良品质。到 1958 年，教育部明确提出用工人阶级的阶级观点、群众观点和集体观点、劳动观点、辩证唯物主义观点教育学生。

1966 年至 1976 年的“文化大革命”使学校德育严重扭曲。这一阶段的德育目标是培养千百万坚强可靠的无产阶级革命事业接班人，脱离中小学生实际。

“文化大革命”结束后，十一届三中全会开始拨乱反正。1988 年召开的全国中小学德育工作会议提出中小学德育工作的基本任务是把全体学生培养成为爱国的具有社会公德和文明行为习惯的遵纪守法的好公民，在这个基础上引导他们逐步确立科学的世界观、人生观，并不断提高他们的社会主义觉悟，使他们中的优秀分子将来能够成长为坚定的共产主义者。

1994 年，中共中央颁布的《关于进一步加强和改进学校德育工作的若干意见》提出了新形势下国家对学校德育工作新的更高的要求，强调学校德育工作要遵循教育规律，区分教育阶段，循序渐进，逐步提高；改进教育方法；解决好大、中、小学德育工作的衔接问题，等等。

（三）德育内容庞杂多变，脱离学生生活世界

中国近代社会频繁变动，政治斗争相当激烈，学校德育内容随着政治斗争的跌宕起伏而不断被否定，既有的道德价值体系往往在实践中尚未生根便被新的道德价值体系取而代之，而新的道德价值体系不久又可能同样被否定。我国的传统道德价值体系是中国几千年来的民族之魂和社会稳定之基，它哺育了一代又一代中华民族的文化大师和科学巨擘，创造了优秀灿烂的华夏文化和举世敬仰的人类文明。但是，在“文化大革命”中，中华传统文化“修身、齐家、治国、平天下”的崇高理想追求被视为维护封建统治的文化糟粕而遭到否定，“仁、义、礼、信、忠、孝”等儒家道德经典理念也受到批判，取而代之的是一套脱离中国现实和国民

道德素质状况的价值体系。

我国现代学校道德教育一般包括政治教育、思想教育和道德教育三大部分内容。其中，政治教育包括爱国主义教育、集体主义教育和社会主义教育；思想教育包括世界观、人生观和价值观教育(简称“三观”教育)；道德教育包括中华传统美德教育、职业道德教育、社会公德教育以及个人品德教育等，内容非常庞杂。而在现实中，我国学校德育一直被要求与时俱进，即德育内容随政治、经济发展而不断变化。这本身当然并没有错，问题是我们对德育内容的选择过于功利，过于“应景”，缺乏从人的全面发展和社会发展的角度通盘考虑，从而形成了相对稳定的层次化的德育内容体系。一方面，成人道德世界缺什么，学校德育就补什么，一切都“从娃娃抓起”，诸如“廉政文化进课堂”“法治文化进课堂”“传统文化进课堂”“民族文化进课堂”“京剧文化进课堂”“企业文化进课堂”“税收文化进课堂”……学校德育课俨然成了可以无限拉伸的“道德框”。另一方面，我们“头疼医头，脚疼医脚”，青少年哪方面的道德出了严重问题就加强哪方面的道德教育，例如，青少年违法犯罪率上升就加强法制教育，有学生吸毒就加强禁毒教育，自杀率上升就加强心理健康教育或加强生命教育，劳动观念、劳动习惯差就加强劳动教育……学校德育在加强中迷失了方向，模糊了德育的本来意义，结果是“什么都重要，什么都不重要”，什么都在加强，而真正该常态化加强的道德教育却往往没被加强。总体来讲，我国学校德育的内容一直处于不断丰富和加强之中，至于丰富什么、加强什么，往往由“上级领导”或“红头文件”说了算，学校很少有决定的权利。事实上，我们的德育过分强调政治教育和思想教育，忽视道德教育，尤其忽视“以人为本”的核心价值观的教育；德育内容严重脱离学生的现实生活，包括学习生活、交往生活和日常生活，缺乏对学生道德生活的具体指导和帮助。

（四）德育途径与方法单一，道德体验严重不足

当前，我国学校的德育模式主要还是传统德育模式(或称给予性德育模式)和认知主义德育模式(或称选择性德育模式)。

传统德育模式强调以既定的道德规范对学生施加影响，以养成学生符合规范的行为习惯为目标，是以“听话”为标准、以“服从”为目的的“驯服”式教育，其突出特点是：①德育目标注重社会性，忽视个人的主体性，即忽视德育在促进个人发展和自我完善方面的重要作用，没有把道德素质作为个人生存的基础，造成目标过高而不切合学生思想品德发展实际，缺乏时代性、层次性和生动性；②德育内容偏重政治教育范畴，忽略学生生活中基础的道德知识、道德能力和道德智慧的培养；③德育途径主要是课堂学习，德育方式主要是“我说你听”的单向灌输式教育，它认定要传授给学生的那些既定的道德价值是天然合理的，学生的道德学习就是不加质疑、不折不扣地接受这些道德知识。当学生的品德言行不符合既定的道德标准时，教育者不是用学生新的生活实践重新检讨既定的标准，而是用既定的标准否定学生新品德的发展。这种“强迫式”德育已不适应当今青少年主体意识觉醒和主体性发展的要求。

当代认知主义德育克服了传统德育忽视学生主体精神的弊端，肯定道德知识和道德认知(推理、判断、选择)能力在个体道德发展中的作用，把提高道德认知能力作为德育的首要任务，把学生的思维和探究引入道德发展与道德教育领域。其不足在于只注重道德知识的学习和道德认知能力的培养，忽视了道德教育的实践性本质，缺少学生行为的参与、情感的体验、观念的碰撞和意志的磨砺，缺少了学生积极鲜活的生命活动。由于它主要关注的是道德知识的获得和道德认知能力的训练，且德育的主渠道仍是课堂教学，因此，德育评价主要落在了“知道与不知道”的标准上，较少关注“做与不做”的问题。这种脱离生活、脱离实际、脱离学生发展状况，缺少情感体验和实践锻炼的道德教育，自然难以触及学生的心灵世界，往往导致道德主体的知行分离。现今一些青少年“知道纪律却不守纪，明白道理却不讲理，享受真情却不动情”的行为表现，特别是近些年来大学里发生的学生刑事案件，正是这种缺少行为践履的道德教育留下的“后遗症”。

道德养成是一个知、情、意、行共同作用的过程，学生道德知识的获得和道德能力的形成，不仅来自成年人的教育，还来自学生的亲身体

验和实践锻炼。著名教育家苏霍姆林斯基说："道德准则，只有当它们被学生自己追求、获得和亲身体验过的时候，只有当它们变成学生独立的个人信念的时候，才能真正成为学生的精神财富。"①缺乏道德实践和体验是我国学校德育落后于时代的最突出的表现。

三、 德育现代化是时代发展的必然要求

（一）国际教育及学校德育发展趋势

1970 年，联合国教科文组织(UNESCO)成立了国际教育发展委员会，该委员会历时一年两个月对世界教育面临的挑战以及未来发展的主要趋势进行了研究。在对苏联、美国、阿尔及利亚、新加坡、瑞典等 23 个国家以及联合国系统内有关组织进行广泛调查和深入分析的基础上，该委员会于 1972 年向联合国教科文组织提交了一份题为《学会生存：教育世界的今天和明天》的研究报告(又称"富尔报告")，该报告指出了未来教育改革的目标、策略、途径以及最终走向学习化社会的道路。关于教育的本质和目标，该报告指出："教育必须培养人类去适应变化，这是我们时代的显著特征"；"教育应扩展到一个人的整个一生，是每个人生活的一部分，教育应把社会的发展和人的潜力的实现作为它的目的"；"教育应帮助人们解决他们今天所面临的各种问题"；"教育本身不能克服邪恶，但应力求增进人们控制自己命运的能力"；"教育应该努力帮助每一个人发展他自己的能力，实现其潜能，解放其创造力，并要防止生存逐渐失去人性的危险"。关于教育目标实现的途径，该报告指出：教育应是平等的和民主的，要"使人人得到平等的教育机会"。"机会平等是要肯定每一个人都能受到适当的教育，而且这种教育的进度和方法是适合个人特点的。""如果在教育过程中允许自由地和持久地交换意见，如果交换意见之后又提高了个人对生活的领悟，如果学习者被引导走上自我教育的途径，简言之，如果学习者从学习对象变成了学习主体。当教育采取了自由探

① [苏联]苏霍姆林斯基：《给教师的建议》，339 页，北京，教育科学出版社，1984。

索、征服环境和创造事物的方式，它就更加民主化了。”对于应试制度产生的问题，“只有遵循终身教育的路线，把教育过程的结构进行彻底改造时，才能得到真正的解决”。该报告首次创造性地提出了“学习化社会”和“终身教育”两个基本观念。

1996年，国际21世纪教育委员会向联合国教科文组织提交的报告《教育——财富蕴藏其中》(又称“德洛尔报告”)指出，面向21世纪教育的“四大支柱”，就是要培养学生学会四种本领：①学会认知(学习)(learning to know)，即培养学生学会运用认知工具求知，学会发现问题、探究知识和构建知识，注重培养学生认知的方法，引导学生通过发现、探究和意义构建的途径获取知识，培养学生的继续学习能力；②学会做事(learning to do)，即要教学生学会实践、学会创造，要重视营造可供学生参与的环境，激发学生的学习兴趣，使学生通过与环境的交互作用、通过实践、通过做事获得知识和能力；③学会共处(learning to live together)，即培养学生学会与他人共同生活、合作学习；④学会生存(learning to be)，即培养学生学会生活、学会自身发展。教师既要善于传授知识，又要注重能力和高尚情操的培养，使学生学会做人、学会求知、学会劳动、学会创造、学会生活、学会健体、学会审美等。

上述两个报告深刻地影响了21世纪世界教育的发展走向。20世纪末，世界各国纷纷根据这两个报告的指引，深刻反省本国教育存在的突出问题，制定未来教育改革发展的新目标和新战略，积极为本国在21世纪的发展做准备。总体来讲，面向21世纪的世界教育呈现以下发展趋势：一是下放教育权限，扩大学校的办学自主权，同时强化国家的宏观指导；二是转变教育观，关注人的发展，强调“终身学习”，建立终身教育体系；三是重视普及教育，努力实现教育的民主与公平；四是加强学校教育与现代生产和实际生活的联系，改善职业技术教育(这一点在欧美各国尤为突出)；五是以教育质量为中心，力求增强教育效果(重视青少年道德教育、生存教育以及批判性思维和创造性思维的培养等)；六是改善教师待遇，加强师资培训，建设高质量的师资队伍；七是面向世界，加速教育的国际化进程等。

在上述国际教育改革发展的大背景下，世界各国面对国内社会道德状况和学校德育存在的问题，都在努力实现由传统德育向现代德育的转变。如前所述，学校德育目标正由关注国家、关注社会、关注政治及经济等方面的需要转向“以人为本”“以人为目的”“关注人的发展”，体现对人性和谐的追求，既重视道德判断与选择能力的训练，又重视道德实践能力的培养；德育内容正由注重抽象的传统道德规范和政治条文灌输转向更多地关注社会现实生活和学生的日常生活；德育途径与方法正由单纯的课堂灌输转向多途径、多方法的综合应用，尤其强调实践教学，提倡通过开展各种社会实践活动培养学生的道德情感和道德实践能力。

（二）我国当代的教育现代化走向

中华人民共和国成立以来，特别是20世纪80年代改革开放以来，国家教育事业的改革与发展取得了令人瞩目的巨大成就。但面对国际国内新形势，由于主观和客观等方面的原因，我国的教育观念、教育体制、教育结构、人才培养模式、教育内容和教学方法等相对滞后，影响了青少年的全面发展，不能适应时代发展的要求和提高国民素质的需要。20世纪80年代到90年代，我国基础教育阶段的“应试教育”呈愈演愈烈之势，其中最根本的问题是教育价值观的严重扭曲，具体表现为：①教育目标实际上以智育目标为唯一目标，甚至将智育目标狭隘化为“应试目标”，一切为考试而教，一切为考试而学，将课本知识(乃至将课本知识进一步窄化为考试科目课本知识中的考试知识点)学习强调到无以复加的地步，德、体、美、劳等教育目标实际上被置于从属地位；②课程结构单一，学科体系相对封闭，实践性课程严重缺失，难以反映现代科技、社会发展的新内容，脱离学生经验和社会实际；③教师教学以讲授(灌输式)为主，学生学习以被动接受为主，主要采用死记硬背、题海训练等机械学习方式，很少有社会实践活动；④教育评价重视学习结果，轻视学习过程，过于强调考试成绩和考试的甄别、选拔功能，忽视基于学生全面发展的综合素质发展评价；⑤课程管理强调统一，致使课程难以适应当地社会经济发展的需求和学生多样化发展的需要。

我国基础教育中的极端应试教育带来的后果是多方面的：①基于应试目标的过度学习和强化训练造成学生的学习负担过重，使他们缺乏充足的睡眠和适当的运动，严重影响了他们的身心健康；②考试和选拔的结果导致学生、学校严重分化，例如，许多应试中的“失败者”由于得不到应有的帮助甚至被歧视，他们更加厌学或迫于竞争压力而中途辍学，这人为地制造了教育的不平等，包括学生之间的不平等和学校之间的不平等，甚至酿成教育悲剧；③重知识轻能力，重理论轻实践，即知行脱离的教育模式导致学生高分低能，特别是生存能力、动手实践能力和社会责任感严重缺失；④单一的教育目标、单一的教学手段、单一的评价标准等，将学生塑造成了只会考试的机器，导致其个性被禁锢，其创新思维和创造力被扼杀；⑤将考试成绩和升学率作为教师工作绩效主要评价指标的评价制度，固化并恶化了教师的工作状态，加重了教师的工作负担，加剧了教师队伍的不合理竞争，影响教师的身心健康和教师队伍的稳定，也使教师对应有的有价值的教育研究和探索缺乏动力，这很不利于教师知识结构的扩展和各种素质的提高，更不利于教育创新。

针对 20 世纪末我国基础教育中应试教育的诸多弊端及其愈演愈烈的严峻形势，着眼于 21 世纪我国社会主义事业兴旺发达和中华民族伟大复兴的大局，1999 年 6 月，中共中央、国务院正式颁布《关于深化教育改革，全面推进素质教育的决定》(简称《决定》)，这是党中央、国务院在世纪之交向全社会，特别是向全国教育工作者发出的素质教育总动员令。《决定》指出，素质教育的目标是“全面贯彻党的教育方针，以提高国民素质为根本宗旨，以培养学生的创新精神和实践能力为重点，造就‘有理想、有道德、有文化、有纪律’的、德智体美等全面发展的社会主义事业建设者和接班人”。素质教育的内涵是“要面向现代化、面向世界、面向未来，使受教育者坚持学习科学文化与加强思想修养的统一，坚持学习书本知识与投身社会实践的统一，坚持实现自身价值与服务祖国人民的统一，坚持树立远大理想与进行艰苦奋斗的统一。全面推进素质教育，要坚持面向全体学生，为学生的全面发展创造相应的条件，依法保障适龄儿童和青少年学习的基本权利，尊重学生身心发展特点和教育规律，使学生生动活

泼、积极主动地得到发展”。《决定》还强调了促进学生德、智、体、美全面发展的重要性以及实施素质教育的范围、途径、条件和要求等。

为使素质教育的实施能够扎实有效地推进并取得突破性进展，2001年6月，教育部印发了《基础教育课程改革纲要(试行)》，启动了我国新一轮基础教育课程改革。这次基础教育课程改革是一次全面的、革命性的教育创新行动。一是课程目标的拓展，即全面贯彻党的教育方针，全面推进素质教育，体现时代要求，“要使学生具有爱国主义、集体主义精神，热爱社会主义，继承和发扬中华民族的优秀传统和革命传统；具有社会主义民主法制意识，遵守国家法律和社会公德；逐步形成正确的世界观、人生观、价值观；具有社会责任感，努力为人民服务；具有初步的创新精神、实践能力、科学和人文素养以及环境意识；具有适应终身学习的基础知识、基本技能和方法；具有健壮的体魄和良好的心理素质，养成健康的审美情趣和生活方式，成为有理想、有道德、有文化、有纪律的一代新人”。二是课程功能的延伸，即“改变课程过于注重知识传授的倾向，强调形成积极主动的学习态度，使获得基础知识与基本技能的过程同时成为学会学习和形成正确价值观的过程”。三是课程结构的调整，即“改变课程结构过于强调学科本位、科目过多和缺乏整合的现状……设置综合课程，以适应不同地区和学生发展的需要，体现课程结构的均衡性、综合性和选择性”。为改变我国基础教育实践教育严重欠缺的状况，为加强实践教育，新课改设置了专门的综合实践活动课，倡导体验学习和建构性学习，通过综合实践活动培养学生的社会责任感、创新精神和实践能力。四是在课程内容改革方面，强调课程内容与学生生活以及现代社会和科技发展的联系，关注学生的学习兴趣和经验。五是在课程实施方面，要求“改变课程过于强调接受学习、死记硬背、机械训练的现象，倡导学生主动参与、乐于探究、勤于动手，培养学生搜集和处理信息的能力、获取新知识的能力、分析和解决问题的能力以及交流与合作的能力”。六是在评价方面，要求“改变课程评价过分强调甄别与选拔的功能，发挥评价促进学生发展、教师提高和改进教学的功能”。

（三）新时期我国学校德育现代化的探索

1. 我国的现代学校德育理论

面对新时期我国社会政治、经济、文化、青少年心理特点对学校德育工作形成的挑战以及学校德育实效性不高的状况，20 世纪 80 年代，我国广大德育工作者特别是德育理论工作者试图在现代德育理论的指导下，努力实现我国学校德育由传统德育向现代德育的转变。在这一阶段，我国的德育理论工作者首先翻译出版了一批西方德育理论著作或介绍西方现代德育理论的著作：翻译类著作有皮亚杰的《儿童的道德判断》(1984)、班杜拉的《社会学习理论》(1989)、哈什的《道德教育模式》(1989)等；介绍类著作有冯增俊的《当代西方学校道德教育》(1993)、魏贤超的《现代德育原理》(1993)、袁桂林的《当代西方道德教育理论》(1995)等。还有一批国内学者编著了关于现代德育的著作和教材，如朱小曼的《情感教育论纲》(1993)、张志勇的《情感教育论》(1993)、戚万学的《活动道德教育论》(1994)、詹万生的《德育新论》(1996)以及班华的《现代德育论》(1996)等。上述著作从不同侧面或不同层面阐释了现代德育的理念、思想和实施策略等，对新时期我国中小学德育改革和现代德育课程建设发挥了重要的指导作用。

现代德育是“促进人的德性现代化”的教育，具体来讲，就是以现时代的社会发展、人的发展为基础，以促使受教育者思想道德现代化为中心，促进社会现代化发展的道德教育。关于现代德育思想，我们应把握以下几点。①现代德育的功能是“促进人的德性现代化”，把人的德性发展作为德育的根本，因此德育目标是培养具有现代思想道德素质的主体。②现代德育突出了人，突出了主体性、发展性，是“主体—发展性”德育，发展的内容包括道德认知、道德情感和道德行为。③现代德育是现代教育的组成部分，具有现代教育的各种特点，如全民性、发展性、科学性、民主性、终身性、世界性等。④现代德育具有过程性和开放性：过程性，指现代德育是教育者与受教育者共同参与的过程，是“人与人精神的契合”及心灵沟通的过程，是在教育者的组织下教育者的启发、引导、指导

与受教育者的认识、体验、践行的结合，是教育者与受教育者相互教育与自我教育、教学相长、品德共进的活动过程；开放性，指现代德育过程是与外部环境相互开放、双向互动的过程。⑤现代德育的内容主要包括：科学价值观和科学教育；生态伦理教育或环境教育；经济教育，含经济伦理教育，即适应市场经济发展的道德(如诚信)教育；信息道德教育；现代人的心理素质教育；国际理解教育，等等。⑥现代德育的途径、方法、手段：高度重视受教育者的自主参与、自我教育；改变灌输式教育，注重道德主体(学生)的积极活动，包括外部的物质性实践活动和内部的观念性活动，着重主体的践行、体验和感悟。

2. 我国的现代德育课程与德育模式

(1)我国的现代德育课程

课程是指为实现教育目标而组织的教育内容的总和，既包括明确陈述的、外显的、正式的教育内容，即显性课程，也包括潜隐的、非正式的、对学生发展具有潜移默化影响的教育内容，即隐性课程。所谓德育课程，就是具有育德性质和功能因而对受教育者思想品德发展有影响的各种教育因素。我国现代德育课程包括认识性德育课程、活动性德育课程和隐性德育课程三种类型。

认识性德育课程。认识性德育课程是学校于正式课程之中规定的思想品德教育课程(中学的思想政治课、公民课等)，是系统传授和学习有关道德的、思想政治的知识、观念、理论，以促进受教育者思想道德认识、观念、理想乃至道德情感、道德意志、道德行为习惯的形成与发展的课程。认识性德育课程具有教学活动独立性和教学内容系统性等特点，其主要功能在于传授道德知识、发展道德认识能力。现代认识性德育课程区别于传统德育课程，传统德育课程虽属于认知性德育课程，但其基本特征是单向灌输，主张道德教育就是由教育者向受教育者灌输某些公认的道德价值和美德，受教育者只能不加批判地接受这些公认的价值和美德，因此，这种道德教育具有浓厚的宗教性和封建色彩，它限制了儿童的智慧和道德的发展。而现代认识性德育课程以人本主义理论、杜威的现代教育理论、皮亚杰的建构主义理论、科尔伯格的认知发展理论等理论为依据，承认道德认知(道德判断、道德选择等)在道德发展中的重要意义，尊重儿童在道德发展中的主体地位，重视儿童独立思考，鼓励儿童进行批判性思考和探究性学习，培养儿童的道德判断力和道德理解力。现代认识性德育课程的方法要点是促进儿童形成积极的道德思维。教师通过把学生引入道德问题的讨论给学生创造思考的机会，提供有助于学生深化认识的途径，使他们接触更加充分的推理方式，特别是接触那些比自己道德判断力阶段高一级的推理方式，从而造成道德冲突，使他们产生认识上的“不平衡”。通过分析和解决道德冲突(问题)，学生可以接触更高水平的思想观点，促进其道德发展跃升到更高级的阶段。现代认识性德育课程克服了传统认识性德育课程只注重背诵道德知识、忽视学生道德判断能力培养的弊端，逐渐成为当代学校德育课程的基础性课程。但认识性德育课程仍存在脱离现实生活、忽视道德实践的不足，容易导致学生言行不一、知行脱节等。

活动性德育课程。活动性德育课程主张让学生在实践活动中通过行动与交往来获得相应的价值、观念，并养成相应的行为习惯。它着眼于学生自主参与、亲身实践和情感体验，以培养学生的道德能力和行为习惯为主要任务，既把活动作为教育的目的，也把活动作为教育的载体和手段，体现了道德教育具有知行统一的特点，即一切道德教育的最终目的是养成道德主体良好的道德行为和习惯。它的根本途径和主要方法就是在提高学生道德认知能力的同时，引导学生进行道德实践，其最大价值在于可以弥补认识性德育课程知行分离、知而不行的不足。活动性德育课程要求教师做到科学、合理地设计活动方案，创设教育情境，提出要解决的现实问题，然后指导学生积极地参与到活动过程中，使他们在参与和体验中自主生成道德知识以及情感、态度、价值观。它的课程内容、课程结构、学习过程等更符合教育对象思想品德形成和发展的规律。

隐性德育课程。隐性课程是相对于显性课程提出的。通常的学校课程是指明确的、事先编制的课程，可称为显性课程(explicit curriculum 或 manifest curriculum)，又称为常规课程(regular curriculum)或正式课程(formal curriculum)。相对于这类课程，学校还有无处不在的“课内外间

接的、内隐的，通过受教育者无意识的、非特定心理反应发生作用的教育影响因素”[①]，如学校的校风、教风、学风、校园环境、班集体面貌、文娱活动等，这些影响因素可称为隐性德育课程。隐性德育课程具有影响的间接性和潜隐性、范围的广阔性、发生作用的无意识性以及动态性、发展性等特点，它对学生道德发展具有陶冶功能、导向与激励功能以及规范与约束功能等。

第一个使用“隐性课程”概念的是美国教育学家菲利普·杰克逊，他在1968年所著的《教室中的生活》(*Life in Classroom*)中分析了教室中的团体生活、报偿体系和权威结构等特征，认为这些不明显的学校特征形成了独特的学校气氛，从而构成了潜在课程。潜在课程由规则、法规和常规构成，对学生社会化产生着不可避免的影响。而后，布卢姆在其1972年出版的《教育学的无知》(*Innocence in Education*)一书中进一步论述了显性课程和隐性课程的内涵，并对其作用、开发及其与显性课程的关系进行了探讨。布卢姆认为，隐性课程的主要目标与学生的学习有关，也与学校所强调的品质以及社会品质有关，同时学校的组织方式、人际关系等社会学、文化人类学、社会心理学的因素对于学生的态度和价值观的形成具有强有力的持续影响。因为学校是一种特殊的环境，生活在其中的学生负有相互支持、相互关心和相互尊重的责任，同时学校的学习不可能是学生的单个学习，而是集体活动。这种集体活动有时要强调控制、等级、竞争，有时要强调鼓励、平等、互助。布卢姆指出，隐性课程与显性课程同样重要，隐性课程能很好地达到某些教学目标(特别是在品质、习惯、态度方面)，并比显性课程的明确目标能保持得更持久。

长期以来，我国学校德育课程主要是认识性德育课程，即显性课程，有关活动德育课程和隐性德育课程的研究始于20世纪80年代中后期。从20世纪90年代开始，国内学者在研究国外已有成果的基础上，对活动课程和隐性课程的概念界定、内容、特点、功能以及活动课程与学科课程

---

① 转引自班华：《现代德育论》，177页，合肥，安徽人民出版社，2001。

(显性课程)、隐性课程与显性课程的关系等方面展开了更多的理论研究，取得了一系列成果。1992 年，国家教育委员会颁布的《九年义务教育全日制小学、初级中学课程计划(试行)》首次将活动课程正式列入课程计划，初步确立了活动课程的地位与作用，但此时对活动课程的价值定位还只是作为学科辅助的价值取向；2001 年新课改设置综合实践活动课以后，活动性程的独立地位才得以确立，其价值取向由学科辅助转向促进人的全面发展。20 世纪 90 年代以后，学校文化作为学校重要的隐性德育课程开始为更多的学校所重视。许多学校聘请专家帮助学校提炼精神文化，健全制度文化，提升物质文化，充分发挥学校文化的育人作用。

(2)我国的现代德育模式

所谓教育模式，就是人们在充分尊重教育规律的前提下，为提高教育质量和效率而概括的一种相对稳定的，集教育理念、策略、方式、方法等于一体的实践模型。现代德育模式是在现代教育理念的支配下，对德育过程及其组织方式、操作策略与手段和评价机制做出的概括性表述。班华在《现代德育论》中将我国当代德育模式划分为四类，即价值观导向模式、情感体验模式、行为践履模式、心理辅导模式。

价值观导向模式。价值观是主体对客体价值的观点和看法的观念系统的总和。在实际社会生活中，个体的道德价值观对其道德判断、道德评价、道德选择具有支配、调节和控制作用。在价值多元化的当代社会，价值冲突随时随地都可能发生，所以对青少年价值观念的引导和教育显得十分重要而迫切。所谓价值观导向模式，就是指通过各种教育活动，引导学生正确分析和认识不同的道德价值取向，使他们能够在不同环境、不同评价中做出正确的选择，逐步形成正确的价值观念。

情感体验模式。情感在人的道德品质形成即道德认知转化为道德行为的过程中具有中介和催化作用，即“感人心者，莫先乎情”。“情”是打开心扉的钥匙，是沟通心灵的桥梁。道德教育应入脑、入心。情感体验德育模式就是让学生在各种实践和活动中，通过以体验为核心的情感经验积累，使认知和情感相协调，改造或重新获得道德观念，并内化为个

体稳定的道德信念和形成相应的行为方式。

行为践履模式。道德教育的最终目的是改善个体的行为，即发展个体的德行，所以说道德行为是一个人品德形成的客观标志，也是检验学校德育有效性的根本标准。研究表明，中小学生的道德行为发展往往滞后于道德认知和道德情感的发展，常见的青少年知行分离、知而不行的现象正是道德行为发展滞后的表现。行为践履模式就是在尊重学生主体性的前提下，让学生在自主参与活动的过程中领悟道德价值，并养成良好的道德习惯。

心理辅导模式。心理和道德是不同的，所以心理辅导和道德教育是有区别的。但两者又存在密切的关系，良好的心理素质对个体优良品德的形成具有重要意义，健全的人格是个体优良品德形成的基础，不健全的人格(心理问题)可以导致道德问题。心理辅导模式就是要在了解和研究学生的心理特点、心理问题及其成因的前提下，用适当的方式引导学生正确认识社会和认识自己，帮助学生确立有益于个人和社会的生活目标，提高心理素质。

我国传统的德育模式主要是以认识性德育课程为主的价值观导向模式。20 世纪 90 年代以后，情感体验模式、行为践履模式和心理辅导模式才逐渐在中小学得到应用和推广。笔者以为，长期以来我国学校德育实效性不高、学生知行分离的一个重要原因就是道德实践(行为践履)的严重缺位，而既有的道德实践教育活动因缺乏科学的实践教育理论指导，缺乏精心设计和规范实施，也往往难以取得良好的教育效果。

四、 中外活动德育的探索与实践

活动德育思想源于实践哲学思想和实践教育思想，而实践哲学思想和实践教育思想可谓源远流长，在西方可以追溯到古希腊时期亚里士多德提出的实践概念以及实践与人的关系，在中国则可以追溯到春秋战国初期杰出的思想家、教育家墨子的“以行为本”教育思想。而将教育性的实践(或活动)作为课程形态进行系统研究，则始于 19 世纪末 20 世纪初欧美的新教育运动或进步教育运动，其中最著名的理论和实践成果当推美国教育家杜威的实用主义教育理论和他在芝加哥实验学校的活动教学实践，以及皮亚杰对儿童思维和心理发展研究得出的“活动尤其是协作活动是儿童思维和道德发展的根本动力”的结论(认知发生论)。1919 年，杜威来华讲学，推动了活动课程在我国学校的实施；1927 年，陶行知与赵叔愚创办了晓庄试验乡村师范学校(1928 年改名为南京晓庄学校)，实行以活动为中心的“行知”教育，一时间掀起了我国活动教育的热潮。但是，我国教育理论界和学校对实践教育(体验教育)或活动课程(包括活动性道德教育，即活动德育)进行系统深入的研究与实践则是在 20 世纪 80 年代以后才开始的。

(一)国外活动德育的探索与实践

世界各国学校的道德教育都曾存在脱离实际、空洞说教、言行不一、知行脱节等问题。20 世纪 80 年代以来，受杜威的实用主义教育思想和皮亚杰的认知发生论思想的影响，世界上大多数国家都重视构建具有本国特色的活动德育课程体系，将开展各种体验式德育活动作为培养学生道德能力、提高德育实效性的重要途径。

1. 美国中小学的活动德育

通过校内外各种实践活动帮助学生加深对道德规范、道德观念的理解和掌握，是进步教育运动以后美国学校德育的一贯做法。可以说，美国是世界上活动德育开展得最为普遍、最为成熟和最为成功的国家，其活动德育理论完善、形式多样、内容丰富。

(1)校内活动体验

校内活动体验包括角色扮演、校内服务、社团活动及讨论与辩论等。

角色扮演(或模拟实践)。角色扮演就是根据教学内容需要，结合相关的现实生活场景，由教师或学生设计出贴近实际的角色及其关系、情节，学生揣摩理解后在课堂上进行表演，在角色扮演中感悟道德知识，训练道德技能。例如，社会课教学就常常采用合作学习方式，让学生分别扮演不同的社会角色，体验面对和解决社会道德问题；民主教育课一般会利用学生会领袖选举或其他选举的机会，让学生完整模仿美国总统

选举，使他们有机会体验民主政治的操作过程。此外，模拟国会听证活动，让学生通过写发言稿和口头交流的方式展示他们在教材中学到的相关知识。

关于美国中小学以模拟选举的方式进行民主制度教育，笔者有过两次印象深刻的现场观察。

第一次是 2005 年 3 月考察加州洛杉矶橙县的维尼高中(Witney High School)。当时正逢该校学生会成员竞选，只见校园里(特别是教学区走廊)贴满了花花绿绿的竞选海报和候选人的个人宣传资料，竞争气氛浓厚。最热闹的是中午用餐时间，各候选人都使出浑身解数，举着自己的大幅宣传牌，站在学生用餐区面对同学发表演说，争取选票。为了吸引更多同学的注意力，有的候选人还戴着特别设计的帽子，穿着奇异的服装。每个候选人的竞选团队也举着创意独特的宣传标牌在校园各处散发传单，游说拉票，这场面大有总统选举的架势。在候选人中我还发现了一位竞选学生会财务部部长的华人女孩，交谈中她对自己参选获胜充满了信心。

第二次是 2012 年 5 月在新罕布什尔州苏赫根高中(Souhegan High School)考察时观摩一节社会课。这节课的内容是为全校毕业典礼选举两名学生主持人和两名教师主持人。学校首先公布了评选条件和评选程序，然后把毕业年级的 250 名学生分成 25 个选举小组，每组配一位教师负责指导并监督选举。在选举过程中，学生非常认真，每个人都发表意见并反复斟酌，教师偶尔也加入讨论。为了给学生选举提供依据，该校每年都提前将毕业年级的优秀学生(主要是市、州或全国各类比赛的获奖者)的基本情况(照片、获奖等)编印成册，供学生选举时参考。据说该校每年毕业典礼的主持人都是如此产生的。

校内服务。校内服务的目的就是让学生在校内为他人服务的过程中体验利他美德的意义。学生在校内服务的内容一般有打扫校园卫生、维持餐厅秩序、负责养护学校的花草树木、协助图书馆等部门的工作、关心帮助校园里的弱势群体(如帮助和辅导同学)、协助教师的教育教学工作等。

社团活动。美国学校学生社团很多，课外活动丰富多彩。一般而言学校都有话剧社、舞蹈队、文学社以及足球队、田径队、篮球队、网球队、羽毛球队、游泳队等各种运动队。这些社团组织关心国家大事，社团成员对与社团有关的信息十分关注，并相互交流。话剧社和舞蹈队常举行表演，题材往往选取有代表性的历史事件，如以第二次世界大战为题材对学生进行爱好和平、反对战争的教育。社团之间经常举办邀请赛，以此增进学校与学校、社团与社团、学生与学生之间的合作、交流与友谊。

讨论与辩论。讨论与辩论即开展道德讨论或辩论，鼓励学生进行道德思考。当学生有不良行为包括学生之间发生冲突时，教师不是立即当面训斥，而是组织学生就事件展开讨论，让学生在讨论中提高道德认知、道德判断和道德选择能力，形成正确的价值观。美国学校特别重视班会课，通过班会课解决问题、营造集体、培养学生的价值观。班会的形式多种多样，讨论的议题也很广泛，一般是道德方面有争议的问题，如吸烟、吸毒、青少年性行为、校园暴力、同性恋问题等。在这些讨论中，教师起引导和指导作用，但绝不将自己的观念强加给学生。

(2)校外活动体验

以社区为基地，广泛开展各种社区服务活动是美国学校道德教育的优良传统之一。社区服务活动的形式多种多样，包括社区服务、服务性学习、社会调查、社会公益活动和应用社会资源开展德育实践活动等。

社区服务。社区服务是美国中小学普遍采用的培养学生道德品质和公民意识的手段，被认为具有与学校课程教学同样重要的地位。美国的教育家和官员们认为，学生参加社区服务的基本宗旨是让学生在课余时间能够接触社会，了解实际和积累一定的工作经验，从而培养学生助人为乐的优良品质。美国社区志愿服务项目包括：帮助病人、残疾人、智力障碍者、无生活能力的人和孤寡老人料理生活；为贫穷家庭的体检和防治疾病，为他们补习文化课程和传授科学知识；为街头流浪汉寻找住处；帮助酗酒者戒酒和吸毒者戒毒，等等。参加活动的时候学生要先报到，结束时有时需要工作人员签名。美国各学区大都制订了学区内各中小学社区服务活动计划，并纳入课程规划予以实施。有些学校甚至在毕业要求中对学生参与社区服务的时间加以具体的规定，一般规定学生参加社区服务的时间要达到40～50小时才能够毕业。有些学校特别是有“博学计划”(Scholarly Program)的学校的要求会更高。宾夕法尼亚州曾有两名中学生因无法证明自己曾在社区志愿服务60小时以上而不能参加中学毕业典礼。在美国，学生要想进入哈佛大学、耶鲁大学、斯坦福大学、普林斯顿大学、加州大学、西点军校这样的名牌大学，必须在申请中提供本人曾经为他人服务或为社区服务的证据，如果证据有力，被录取的机会将大大增加。

服务性学习。20世纪80年代末90年代初，美国教育学者将社区服务整合于学校课程中，提出了“服务学习”的理念和方法。所谓服务学习，就是将社区服务与学校课程相结合，通过把课程知识应用于具体的社区服务来提高学生的学业水平、服务技能，同时增强学生的公民责任感。根据1993年美国国家和社区服务委员会的定义，服务学习包括以下几个要素：积极参与的需要；精心组织；满足社区实际需要；学校与社区合作；与学生的学术课程整合；活动中安排反思时间；有机会将新获得的技能用在实际生活情境中；知识的学习扩展到课堂之外；培养对其他人的关怀感等。1990年的《美国国家和社区服务法案》和1993年的《全美服务希望法案》以法律形式确立了服务性学习的地位。美国已有64％的公立中小学在教学中运用这种方法。早在1992年，马里兰州就通过立法，将参加服务性学习列为公立中学学生毕业的必要条件。该《全美服务希望法案》从1993年开始实施，1997年的高中毕业生是首届必须学完规定学时才能拿到毕业证书的学生。2010年及以前的中学毕业生必须积累60学时的服务性学习，从2011年开始增加到75学时。达不到这一标准，任何学生不论何种理由均不能毕业。

服务性学习与社区服务不完全相同。社区服务重在服务性和公益性，是一种助人为乐的行为，它与学校课程没有直接联系，更不以课程为导向；而服务性学习不仅是一种公益活动，还与学校课程(学生的学业知识、技能等)密切联系，包含着对课程内容的运用和反思。服务性学习既是学校课程的一个组成部分，也是一种公益活动。

社会调查，即社会考察活动。社会考察具有社会调查的功能。学生通过考察活动接触社会、了解社会，例如，就社区或地方历史演进、环境保护问题、校园暴力问题的现状及政策等进行调查研究性的考察，以便了解政府关于社会或社区发展的战略等。

社会公益活动。社会公益活动有两种方式，即学校组织的学生群体活动和学生个人活动。美国中小学的社会公益活动一般由学区制定基本标准，由学校组织实施，如养老院公益活动、为非洲灾民募捐活动等，主要目的在于培养学生的同情心、社会责任感和义务感。

应用社会资源开展德育实践活动。美国中小学重视并善于利用各种博物馆、纪念馆(园)等场所和节日、纪念日等特殊时段开展品格教育或爱国主义教育活动，帮助学生形成自主的道德认识、爱国主义情感和鲜明的道德态度。

场馆教育活动。美国各地(市乃至县)都有大量政府投资或私人捐建的颇具规模的高品质博物馆、科学馆、艺术馆、名人纪念馆以及其他各种主题场馆，这些公共教育资源都向中小学师生免费开放或优惠开放，且大多数博物馆、科学馆、艺术馆等都有专门服务于中小学教育的活动项目，由专职的部门和人员负责实施。另外，许多社会人士还作为志愿者经常组织中小学生到这些场所协助工作；一些退伍军人或教师还经常利用周末或节假日时间组织学生到诸如纪念公园、广场等公共场所开展爱国主义教育活动。

营地德育。美国特别重视利用青少年户外教育营地开展体验式道德教育。所谓营地教育，按照美国营地协会 1998 年给出的定义，是指“一种在户外以团队生活为形式，并具有创造性、娱乐性和教育意义的持续体验，通过领导力培训以及自然环境的熏陶帮助每一位营员实现生理、心理、社交能力以及心灵方面的成长”。营地教育以教育学和发展心理学等跨学科理论与实践为依据，鼓励、引导学生探索自己，发现潜能，培养他们在 21 世纪全球化与多元化背景下共处、共赢所需的意识和能力，如跨文化的沟通与交流能力、同理心、领导力、合作精神、服务精神、批判性思维等，是介于家庭教育与学校教育之间的社会教育平台。美国大约有12000个户外教育营地，每年为大约1000万名学生提供营地教育服务。据调查统计，96%的美国学生认为营地活动对他们有益，参加营地教育是一种必要的人生体验，可以通过与大自然接触，学习各种生存技能，增加对社会的认识，提高人际交往能力和解决问题能力，展示领导才能，培养团队精神，锻炼独立性等。

2. 日本中小学的活动德育

日本中小学德育非常重视“特别活动”(综合活动)，该类活动的目的、内容和形式类似我国的第二课堂或课外活动，是学校教育中相对独立的领域，是富有特色的活动德育课程。其中，小学的特别活动有学生活动、学校例行活动、班级指导等；中学的特别活动有课外学习室活动、学生会活动、俱乐部活动、学校的例行活动等。

20世纪80年代以来，日本中小学大力推行以“体验学习”为特色的各种校外德育实践活动，旨在通过生产劳动、吃苦教育、志愿者服务、自然与社会探究、郊游等，丰富学生的各种生活体验，使道德教育和社会生活有机结合，解决知行脱节的问题，同时激发学生自觉参与道德实践的热情，培养学生的劳动观念、毅力、协作能力、动手能力、创造能力、生存能力以及自我理解和自我实践的能力等。学校一般根据所处城市、山村、海岛等不同地域的特点，开展相应的实践活动，比如，组织学生考察家乡历史文化，收集乡土资料，了解本地的经济发展特点并参加劳动或本地的社会公益活动等。日本中小学的校外活动是学校德育课程的进一步深化和必要补充。

3. 新加坡学校的活动德育

新加坡十分重视道德理论与道德实践的结合，通过课外德育辅导活动和社区道德实践活动来巩固学校德育的成果。学校会配合政府或民间团体开展“礼貌周”“国民意识周”等活动，组织学生开展清洁运动。学校还注重利用假期主办历史学习营，模拟新加坡1942年被日本侵占以后的生活场景，比如，用“日军发的香蕉纸钞票”和“粮票”来换取粮食，到指定地点取自来水，在又暗又热的防空洞里避难等，让学生亲身体验日本侵略者统治时期的苦难生活。[1] 新加坡教育部还重视学生参加社区服务活动，旨在使学生形成正确的价值观以及从小养成服务精神。该活动计划包括六方面内容："好朋友"计划、关怀与分享计划、负起校内的领导责任、到福利收养所和儿童福利中心服务，如春节慰问、慈善乐捐等活动。社区服务是对德育课堂学习的有益补充，培养了责任感，实现了知行统一。[2]

（二）我国活动德育的探索与实践

1. 我国道德实践教育的理论探索

陶行知是我国最早(20 世纪 30 年代前后)较系统、全面提出并实践生活(活动)教育思想的教育家。他批判地继承并发展了杜威的实用主义教育思想，创立了生活教育理论，强调社会生活在教育中的重要地位以及对学生的积极影响，提出"社会即学校""生活即教育""教学做合一"的教育思想。他强烈反对学用脱节、理论脱离实践的倾向，主张根据社会需要来办学；在教育目的上，他提出培养具有实践能力和实践精神、学以致用、造福社会的人才；在教育内容上，他要求选择与社会生活实践紧密联系的知识和技能。

20 世纪 80 年代，实践教育和活动课程作为教育研究领域开始进入我国教育者的视野。例如，程军认为，社会实践教育是传统课堂教学重要的、有益的补充，是学校教育的重要组成部分。它可以帮助学校对学生强化实践知识教育、实际能力训练以及实现政治教育。社会实践教育包括多种类型，如政治性的、知识性的、公益性的、健身性的、娱乐性的等。社会实践教育具有重要意义：第一，它可以检验与丰富书本知识；第二，它有利于培养和锻炼学生的实际能力；第三，它有利于深化和陶冶学生的思想感情。社会实践包括多种形式，如专题报告、勤工俭学、公益劳动、军事训练、专业实习、旅游参观、社会宣传、社会调查等。[3]

---

① 梁忠义：《比较教育专题》，110 页，长春，东北师范大学出版社，2002。

② 魏新强：《新加坡学校德育途径及启示》，载《中国青年研究》，2010(8)。

③ 程军：《关于社会实践教育问题的再认识》，载《安徽大学学报(哲学社会科学版)》，1988(1)。

李如密教授对实践教育的艺术进行了深入探讨，提出：应加强实践教育的合理性、计划性、周密性、可行性；应创造实践教育的必要条件，如要注意组织有关活动，使其具有多样性、教育性、趣味性和新颖性，要让学生在克服困难的过程中受到锻炼和教育；要注意设计、建立起合理的制度，使实践教育有章可循、规范发展；要调动学生接受实践教育的积极性和自觉性；要持久地进行实践教育，等等。①

史静寰教授探讨了实践教育对学生的重要意义：实践教育可以帮助学生加强对知识的掌握，使学生的实际动手能力不断提高；实践教育有利于学生对社会现状的了解，使学生的社会性能力和社会责任感得到提高；实践教育可以使学生的道德意识得到增强，使学生的思想品质得到提高。②

郭元祥教授对实践教育进行了长期深入的研究，他认为，实践是人的发展与成长不可缺少的重要途径。他明确区分了教育性实践与普遍性实践：教育性实践不同于人类的普遍性实践，教育性实践是综合性实践、反思性实践、体验性实践，其基本特点是体验性、反思性等；教育性实践的基本过程是情境理解、过程体验、反思感悟三个阶段。实践教育的过程价值在于使学生的问题意识、实践能力和良好的情感、态度、价值观得到培养与发展。他提出当前我国推动人才培养方式创新的根本要求是加强实践课程、注重实践学习和构建实践德育。③

李臣之教授分别在《试论活动课程的本质》《活动课程研制的价值取向》《活动课程评价初探》等文章中对活动课程的本质、价值及评价等提出了个人观点，指出活动课程的本质是为指导学生获得主要直接经验和即时信息而设计的一系列以教育性交往为中介的学生主体性活动项目及方式。它区别于课外活动、学科课程和潜隐课程。④ 活动课程的价值取向应

---

① 李如密：《实践教育的艺术管窥》，载《教育评论》，1991(4)。

② 史静寰：《加强实践教育：研究型大学培养创新人才的必由之路》，载《清华大学教育研究》，2005(1)。

③ 郭元祥：《论实践教育》，载《课程·教材·教法》，2012(1)。

④ 李臣之：《试论活动课程的本质》，载《课程·教材·教法》，1995(12)。

该是“全人发展”的价值取向。① 活动课程的评价必须重视过程评价，采用诊断性评价和形成性评价相结合的方式进行；重视对活动过程中临时出现的一些积极和消极的效应做出肯定与否定的回答。②

戚万学教授于 20 世纪 80 年代提出并较系统地研究了活动道德教育模式。“八五”期间他对课题“活动道德教育模式建构”进行了初步研究；“九五”期间他联合五所中小学共同申报了国家教委重点研究课题——“面向 21 世纪中国现代道德教育模式探讨”，继续对活动道德教育模式进行更全面、更深入的理论探索，并将研究成果付诸实践。成果论文《活动道德教育模式的理论构想》界定了活动德育的内涵，指出了活动德育的特点，论述了活动在人的道德发展和道德教育中的作用，提出了活动德育模式的基本框架，包括活动德育的目标达成、活动德育的课程设计、活动德育的基本原则以及活动德育的师生观等。③

2. 新时期我国加强道德实践教育的政策导向

针对我国学校德育脱离学生生活和社会实际、缺乏道德实践体验所造成的青少年道德发展知行分离的状况，20 世纪 90 年代以来，党中央、国务院及其相关部门相继颁布了一系列重要文件，特别强调加强道德实践教育。

1992 年，国家教委颁布的《九年义务教育全日制小学、初级中学课程计划(试行)》首次将活动课程正式列入课程计划，要求学校组织学生“参加社会生产劳动和社会服务、社会调查、参观访问以及军事训练等活动。引导学生接触工农，了解社会，认识社会主义制度的优越性，增强热爱劳动人民的感情和社会责任感”。同时，该文件强调开展学校传统活动，要“从学校实际出发，因地制宜地组织有教育意义的活动，包括国家重大节日、纪念日和民族传统节日以及学校自定的科技节、体育节、艺术节、远足等活动。引导学生在丰富多彩的活动中生动活泼地发展”。

1994 年 8 月，中共中央颁布的《关于进一步加强和改进学校德育工作的若干意见》指出：要“加强实践环节。教育与生产劳动相结合，是坚持

① 李臣之：《活动课程研制的价值取向》，载《课程·教材·教法》，1998(6)。

② 李臣之：《活动课程评价初探》，载《课程·教材·教法》，1997(7)。

③ 戚万学：《活动道德教育模式的理论构想》，载《教育研究》，1999(6)。

社会主义教育方向的一项基本措施。各级各类学校都要把组织学生适当参加一定的物质生产劳动作为一门必修课，列入教学计划，统筹安排，各级教育行政部门要进行具体督促检查。实验、实习课程也要进一步加强，在时间、内容、组织、条件上予以落实和保证。九年义务教育阶段的思想品德课、劳动课要有公益劳动、远足锻炼以及参加社会生活等方面的内容。高中和高等学校要把社会实践纳入教学、教育计划，组织学生参加社会调查、生产劳动、科技文化服务、军政训练、勤工俭学等活动。要加强对社会实践活动的管理和指导，明确教育目的，提高教育实效。”这段文字的意义在于从政策层面确立了“组织学生适当参加一定的物质生产劳动作为一门必修课”与其他学科教学具有同等的地位与价值，强调了实践教育在学校德育工作中的极端重要性。

1999 年 6 月，中共中央、国务院颁布的《关于深化教育改革，全面推进素质教育的决定》指出：“教育与生产劳动相结合是培养全面发展人才的重要途径。各级各类学校要从实际出发，加强和改进对学生的生产劳动和实践教育，使其接触自然、了解社会，培养热爱劳动的习惯和艰苦奋斗的精神。”“中小学要鼓励学生积极参加形式多样的课外实践活动，培养动手能力……”“加强学校德育与学生生活和社会实践的联系，讲究实际效果，克服形式主义倾向。针对新形势下青少年成长的特点，加强学生的心理健康教育，培养学生坚韧不拔的意志、艰苦奋斗的精神，增强青少年适应社会生活的能力。”“社会各方面要为学校开展生产劳动、科技活动和其他社会实践活动提供必要的条件，同时要加强学生校外劳动和社会实践基地的建设。”可以说，该《决定》是新时期中国教育改革发展的总动员令和行动路线图，其核心思想就是要从培养学生的创新精神和实践能力这一目标出发，全面改革基础教育，尤其是要加强教育与学生生活和社会实际的联系，加强实践教学，这是我国基础教育由应试教育向全面素质教育转变的关键环节，也是难点所在。

2000 年 12 月，中共中央办公厅、国务院办公厅颁布的《关于适应新形势进一步加强和改进中小学德育工作的意见》明确提出：“校内教育与校外教育相结合，切实加强社会实践活动”；要“把组织学生参加社会实践等校外教育活动作为加强德育工作的重要途径”；“要把学生的社会实践活动作为必修内容，列入教育教学计划，切实予以保障”；“大中城市要统筹规划，通过多种形式，建立中小学社会实践活动基地”。这是国家文件首次提出要建立中小学社会实践活动基地，为学校将实践教育落到实处找到了一个重要的抓手。

2001 年 5 月，国务院颁布的《关于基础教育改革与发展的决定》强调：“丰富多彩的教育活动和社会实践活动是中小学德育的重要载体。小学以生动活泼的课内外教育教学活动为主，中学要加强社会实践环节。中小学校要设置多种服务岗位，让更多学生得到实践锻炼的机会。要将青少年校外活动场所建设纳入社区建设规划。各地要多渠道筹集资金，建设一批青少年学生活动场所和社会实践基地。”2001 年 6 月，教育部印发的《基础教育课程改革纲要(试行)》(简称《纲要》)强调：教育要回到基础，回到生活，回到实践；要充分开发与利用广泛存在的道德教育资源，为学生创造和谐、融洽、健康向上的生活空间，引领学生在多样化的实践活动中探究、体验、发现、建构，培养学生的健全人格，提升学生的生命质量。《纲要》规定：“从小学至高中设置综合实践活动并作为必修课程，其内容主要包括：信息技术教育、研究性学习、社区服务与社会实践以及劳动与技术教育……”《纲要》首次将“实践活动”作为一门独立的课程来开设并纳入学校教学计划，这是新课改具有划时代意义的重大举措，也是本次基础教育课程改革的最大亮点。自此，有关实践教育和活动课教学的理论与实践研究才真正为广大教育理论工作者和中小学教师所关注，学校的实践教育和活动课教学也从此逐步向常态化、规范化和科学化的方向发展。

2004 年 2 月，中共中央、国务院发布的《关于进一步加强和改进未成年人思想道德建设的若干意见》(简称“8 号文件”)强调：未成年人思想道德建设要“坚持贴近实际、贴近生活、贴近未成年人的原则”。“坚持知与行相统一的原则。既要重视课堂教育，更要注重实践教育、体验教育、养成教育，注重自觉实践、自主参与，引导未成年人在学习道德知识的同时，自觉遵循道德规范。”“要按照实践育人的要求，以体验教育为基本途径，区分不同层次未成年人的特点，精心设计和组织开展内容鲜活、形式新颖、吸引力强的道德实践活动……使未成年人在自觉参与中思想感情得到熏陶，精神生活得到充实，道德境界得到升华。”“8 号文件”特别强调知行统一，强调实践活动、体验教育在未成年人思想道德建设中促进知行统一的重要作用。

2004 年 3 月，中宣部、教育部颁布的《中小学开展弘扬和培育民族精神教育实施纲要》强调通过开展各种体验性活动弘扬和培育民族精神，强调知行统一，并对学校开展体验教育的课时做了规定，对体验教育的内容、方式等给出了具体的指导意见：要坚持“以学生为主体，重在实践的原则。要尊重学生，充分调动学生的积极性、主动性和创造性，引导学生自主学习、自我教育、主动发展。坚持教育与生产劳动和社会实践相结合，通过丰富多彩的社会实践活动，使学生在社会实践活动中体验、感悟、认同民族精神；注重知行统一，鼓励和引导学生在社会生活实际中身体力行，弘扬民族精神。”“积极开展社会实践活动。定期组织参观爱国主义教育基地，瞻仰革命圣地和遗址，祭扫烈士墓，缅怀民族英雄、仁人志士、革命先烈，学习他们的高尚品德和感人事迹，进行革命传统教育；参观城市、农村和名胜古迹，了解改革开放的成就和祖国悠久的历史文化；组织开展征文、演讲、讲座、知识竞赛、社会调查等教育活动。充分发挥学生校外活动场所、社会实践基地的育人作用。学生参加各种校外活动、社会实践活动的总时间，初中学生一般每学年不少于 20 天，普通高中学生一般每学年不少于 30 天。”

2006 年 1 月，中共中央办公厅、国务院办公厅印发了《关于进一步加强和改进未成年人校外活动场所建设和管理工作的意见》(简称《意见》)，强调通过开展丰富多彩的校外活动促进未成年人思想道德建设。《意见》指出：“公益性未成年人校外活动场所是与学校教育相互联系、相互补充、促进青少年全面发展的实践课堂，是服务、凝聚、教育广大未成年人的活动平台，是加强思想道德建设、推进素质教育、建设社会主义精神文明的重要阵地，在教育引导未成年人树立理想信念、锤炼道德品质、养成行为习惯、提高科学素质、发展兴趣爱好、增强创新精神和实践能力等方面具有重要作用。”“各类青少年宫、少年宫、青少年学生活动中心、儿童活动中心、科技馆等未成年人校外活动场所，要根据自身类型和规模，结合未成年人的身心特点、接受能力和实际需要，明确功能定位，发挥各自优势，实现资源共享，满足未成年人多样化的校外活动需求。”《意见》还指出要“精心设计开发与学校教育教学有机结合的活动项目，积极探索参与式、体验式、互动式的活动方式，创新活动载体，并配备相应的辅导讲解人员，使校外活动与学校教育相互补充、相互促进”。

2010 年 6 月，经国务院和中央政治局审议通过的《国家中长期教育改革和发展规划纲要(2010—2020 年)》指出：“坚持能力为重。优化知识结构，丰富社会实践，强化能力培养。着力提高学生的学习能力、实践能力、创新能力，教育学生学会知识技能，学会动手动脑，学会生存生活，学会做事做人，促进学生主动适应社会，开创美好未来。”“注重知行统一。坚持教育教学与生产劳动、社会实践相结合。开发实践课程和活动课程，增强学生科学实验、生产实习和技能实训的成效。充分利用社会教育资源，开展各种课外及校外活动。加强中小学校外活动场所建设。加强学生社团组织指导，鼓励学生积极参与志愿服务和公益事业。”

2011 年 5 月，教育部联合相关部委，在全国范围充分利用社会资源，因地制宜建立青少年质量教育基地、节水教育基地、安全教育基地等社会实践基地。同年 6 月，教育部、财政部联合制定了《中央专项彩票公益金支持示范性综合实践基地项目管理办法》，从中央彩票公益金中拨出 45 亿元人民币，于“十二五”期间在全国范围支持建设 150 个示范性中小学综合实践活动基地，切实推进实践育人、活动育人。为引导示范性综合实践基地的建设与管理，2013 年 11 月，教育部基础教育司又出台了《示范性综合实践基地实践活动指南(试行)》，明确了实践基地开展实践活动的重要意义、指导思想和基本原则，指出了实践活动的目标和主要内容，对实践活动的组织与实施、评价、管理与保障等都提出了相应的指导意见，同时还提供了基地实践教育项目设置参考。

2014 年 4 月，教育部印发的《关于培育和践行社会主义核心价值观进一步加强中小学德育工作的意见》指出：“改进实践育人。各级教育部门和中小学校要广泛开展社会实践活动，充分体现‘德育在行动’，要将社会主义核心价值观细化为贴近学生的具体要求，转化为实实在在的行动。要普遍开展以诚实守信、文明礼貌、遵纪守法、勤劳好学、节约环保、团结友爱等为主题的系列行动；组织学生广泛参加‘学雷锋’等志愿服务和社会公益活动；教育学生主动承担家务劳动；组织学生在每个学段至少参加1次学工学农生产体验劳动，农村学校应普及适当形式的种植或养殖。要广泛利用博物馆、美术馆、科技馆等社会资源，充分发挥各类社会实践基地、青少年活动中心等校外活动场所的作用，组织学生定期开展参观体验、专题调查、研学旅行、红色旅游等活动。逐步完善中小学生开展社会实践的体制机制，把学生参加社会实践活动的情况和成效纳入中小学教育质量综合评价和学生综合素质评价。”“要突出知行结合，着力培养学生养成良好的行为习惯，客观真实记录学生行为表现情况，引导学生将道德认知转化为道德实践。”

2015年7月，教育部、共青团中央、全国少工委联合发布的《关于加强中小学劳动教育的意见》强调：“通过劳动教育，提高广大中小学生的劳动素养，促进他们形成良好的劳动习惯和积极的劳动态度，使他们明白‘生活靠劳动创造，人生也靠劳动创造’的道理，培养他们勤奋学习、自觉劳动、勇于创造的精神，为他们终身发展和人生幸福奠定基础。用3～5年时间，统筹资源，构建模式，推动建立课程完善、资源丰富、模式多样、机制健全的劳动教育体系，形成普遍重视劳动教育的氛围。推动在全国创建一批国家级劳动教育实验区，推动地方创建一批省级劳动教育实践基地和劳动教育特色学校，带动全国中小学劳动教育深入开展。”与以往有关文件强调劳动教育不同的是，该文件不仅提出了学校劳动教育的目标，还提出了劳动教育的具体工作目标：一是在宏观目标上，提出用3～5年时间，推动建立课程完善、资源丰富、模式多样、机制健全的劳动教育体系，形成普遍重视劳动教育的氛围；二是在微观层面上，提出具体工作路径，加强示范引领，在全国推动创建一批国家级劳动教育实验区，推动地方创建一批省级劳动教育实践基地和劳动教育特色学校，带动全国中小学劳动教育深入开展。另外，该文件还给出了实施劳动教育的路径，包括劳动课程建设以及开展校内劳动、校外劳动和家务劳动等。

2016 年 11 月，教育部、国家发改委等 11 部门联合印发的《关于推进中小学生研学旅行的意见》指出：“中小学生研学旅行是由教育部门和学校有计划地组织安排，通过集体旅行、集中食宿方式开展的研究性学习和旅行体验相结合的校外教育活动，是学校教育和校外教育衔接的创新形式，是教育教学的重要内容，是综合实践育人的有效途径。开展研学旅行，有利于促进学生培育和践行社会主义核心价值观，激发学生对党、对国家、对人民的热爱之情；有利于推动全面实施素质教育，创新人才培养模式，引导学生主动适应社会，促进书本知识和生活经验的深度融合；有利于加快提高人民生活质量，满足学生日益增长的旅游需求，从小培养学生文明旅游意识，养成文明旅游行为习惯。”该文件提出了中小学研学旅行的工作目标和基本原则，明确了研学旅行的主要任务(包括教学安排、基地建设、组织管理、经费筹措、安全责任等方面)和保障措施。

另外，近 30 多年来，教育部等有关部门还在相继发布的一系列关于加强爱国主义教育、法制教育、心理健康教育、环境教育、禁毒教育等专题教育的文件中强调实践教育或活动教学。

比较上述系列文件关于实践教育的文字表述，结合当前学校实践教育的发展状况，我们可以发现以下几点：第一，党和政府对学校实践教育越来越重视，且重视的表现已经由过去仅在宏观层面强调加强实践教育，逐步转向为学校开展实践教育提供指导，再进一步转向为学校开展实践教育创造相关条件(如创办中小学实践活动基地)或提供支持；第二，随着人们对实践教育价值认识的逐步提高，我国对实践教育的功能定位已经由过去的以政治和社会需要为本，转向以促进学生的德性发展为本，再转到以促进学生的综合素质发展为本，即着眼于培养学生的社会责任感、创新精神和实践能力等，实践教育的价值正回归本原；第三，学校的实践教育已由过去的随意性、表面化和形式化逐步向规范化、科学化(课程化)转变，教育的实效性不断提高；第四，学校开展实践(活动)教育的资源(特别是校外教育资源)越来越丰富，活动内容越来越广泛，实

践教育的途径和形式越来越多元化；第五，关于实践教育和活动课教学的科学研究、师资培训等正成为热点，研究成果不断涌现，师资队伍不断壮大。总之，新时期我国关于加强中小学实践教育的系列文件对推动中小学的实践教育和实践教育研究发挥了积极的推动与引领作用。

3. 我国中小学活动德育模式的探索与实践

在国家一系列政策的引导和推动下，在现代实践教育理论的指导下，我国中小学对实践教育越来越重视，学校的活动课教学逐步走上正轨，且已形成良好的发展态势。

北京市于2008年8月印发了《北京市中小学生社会大课堂建设方案》，正式启动“中小学生社会大课堂计划”，由北京市委宣传部等12个部门联合行动，整合利用遍布全市18个区县，涵盖社会、经济、文化等领域的千余家社会单位，包括各类爱国主义教育基地、博物馆、科技馆、艺术馆等公益性文化设施以及工厂、农村、社区等在内的教育资源，将其面向全市中小学生免费或优惠开放，由学校组织学生前往这些单位开展体验德育等综合实践教育活动，并将此项活动纳入学校教育教学计划，统筹考虑地方、校本和综合实践活动课时，实现学生参加社会大课堂活动制度化(规定每位学生原则上一年内至少参加4次社会大课堂活动，开展实践学习)。为保证社会大课堂计划的常态化实施和可持续发展，北京市不仅建立了统筹协调机制，还特别设立了专项支持经费，主要用于支持全市资源信息系统和现代技术管理系统的运营及维护、课程资源的开发、农村学校的补贴、贡献突出的社会资源单位的奖励以及必要的评估等。

浙江省慈溪市阳光实验学校积极探索体验德育。该校坚信“有效教育是‘亲身体验’出来的”，由此确立了“让学生在亲身体验中学习”的办学指导思想，通过体验型教研、体验型课堂和体验型德育三个板块，逐步构建起体验型教育体系。在体验型德育板块，他们实行自主的、生活的、潜移默化的道德教育，即让学生置身于特定的德育环境，接触客观德育因素，激发起主体意识，能动地参与德育实践。比如，对于学生应该遵守的行为规范，学校不是宣讲既定的道德条文，而是大胆抛开条条框框的束缚，组织学生就“作为学校里的学生、家庭中的成员、社会上的公民，我们在不同的群体生活中应该遵守哪些规则”等问题开展广泛讨论并形成“议案”，最后在教师的指导下经过全校学生审议通过，使“议案”成为大家共同遵守的规范。①

山东省青岛第二中学坚持“德育见诸实践”。该校根据活动德育的实践性、自主性、开放性、综合性等特点，把校内模拟活动同校外实践体验活动紧密结合，通过社会实践与社区服务培养学生的社会责任感，通过研究性学习培养学生的研究能力与创新精神。主要做法有：①把“联合国”搬进校园，让学生通过扮演不同国家的外交官，站在不同的立场和更高的视角审视世界，探讨国际热点问题，体验联合国的运作模式，开阔学生的国际视野。学生通过此项活动还形成了较强的资源共享意识，在山东省成立了中学生模拟联合国协会，自 2006 年起每年定期开展活动，拓展了活动的广度；同时注重活动的纵深发展，在此活动的基础上还形成了模拟申办奥运会、申办博览会和世界文化月活动，实现了更高水平的发展。②把“人民代表大会”开到校园。学生通过模拟人民代表大会活动，体验人大代表提交议案、在会议召开期间进行充分讨论、申请附议、进行完善、最终选择出最具价值议案等人大代表履行职责的全过程，增强学生关注社会、服务社会的责任意识。2009 年，模拟人大代表会议的一份议案《关于中山路的改造问题》受到了市委市政府的高度重视。市长亲自批复，相关部门专门进校园与学生代表面对面交流，其中的很多建议被政府采纳。③让校园变成城市。学校成立了城市化发展委员会，选拔出学生兼任校长助理，用经营城市的理念管理学校，以研究的态度进行城市发展的设计，以主人翁的态度经营城市。学校的所有常规检查都由学生自己负责，并且由他们自己订立公约、进行评比、交流和整改，于是学生的参政意识和能力不断加强。通过参与上述活动，学生的道德品质、智力品质和非智力品质都有很大的提高，特别是在组织协调能力、分析问题和解决问题能力、交往沟通能力、语言表达能力等方面的提高尤为突出。②

---

① 施国柱：《有效德育是“亲身体验”出来的》，载《中国教育报》，2011-08-02。

② 孙先亮：《在反思与体验中完善道德修养》，载《中国教育报》，2013-07-31。

湖北省石首市实验小学探索、实践“在生活中育德”。该校自觉践行陶行知的生活教育思想，确立了“在生活中育德”的教育理念。具体做法有以下几个方面。一是开发了生活指导教育课程，内容包括简单的自护自救、礼仪训练、遵守集体活动规范、珍爱生命、预防犯罪等方面。学校根据不同学段和年级分解德育目标，组织教师自主开发课程内容，切实达到指导学生生活的目的。二是拓展学生的生活空间，将学生的道德生活延伸至家庭，延伸至社会，延伸至大自然，延伸至祖国的四面八方。延伸至家庭：坚持开展在家争当“小帮手”“小管家”“小天使”活动，引导孩子学做家务。延伸至社区：建立多个校外活动基地，如劳动实践基地、革命传统教育基地、手拉手共建学校等，定期组织学生到基地开展活动，如“九九重阳情”为福利院老人服务活动、“八一”慰问活动、社区服务活动等。学校还组织学生参加生产劳动，进行社会调查，开展公益宣传等，让学生在真实的生活情境中体验、感悟、成长。三是利用各种节日、纪念日或庆典开展相关体验教育，让学生养成健康的生活方式。①

设置独立的中小学综合实践活动课并建立专门的中小学社会实践基地或综合实践基地，是具有鲜明中国特色的加强中小学实践教育(包括活动德育)的重要策略。20 世纪 90 年代以来，特别是 2001 年基础教育课程改革设置综合实践活动课和 2006 年中共中央办公厅、国务院办公厅印发《关于进一步加强和改进未成年人校外活动场所建设和管理工作的意见》以来，我国中小学校外综合实践基地(或青少年活动营地)和青少年宫等校外活动场所蓬勃发展。据不完全统计，截至 2016 年 12 月，我国有近 4000 多个政府投资建设的独立的校外教育机构(包括 400 多个专门开展实践教育的中小学综合实践活动基地)和近 20000 个乡村学校少年宫。校外教育活动场所基本覆盖了国家、省、地市、县和乡镇五个层级，包括少年宫、博物馆、科技馆、社会实践基地、户外活动营地等不同类型，逐步形成了覆盖面广、区域层次丰富、育人效果明显的校外活动场所网络。

---

① 袁震、曾春：《生活方式健康　成长就会美丽》，载《德育报》，2009-09-21。

大力推进中小学研学旅行是我国加强中小学实践教育(包括活动德育)的又一重大探索。从德育角度讲，研学旅行是对中小学生进行集体主义教育、生活教育、行为习惯养成教育和爱国主义教育的有效载体：第一，学生在研学旅行中可以学会生存生活，学会做人做事，形成正确的世界观、人生观、价值观；第二，学生通过研学旅行走进社会、融入社会，可以更加深刻地了解社会、认识社会，感受社会的进步与发展，明确社会进步的方向，从而激发他们的社会责任感；第三，学生通过走进乡村、走进社区、走进工厂、走进科研院所，可以更全面深入地了解国情，了解改革开放取得的伟大成就，增强他们的国情意识；第四，学生在研学旅行中走进祖国的名山大川，走进革命圣地，可以直接感受祖国的大好河山，聆听革命先烈的英雄事迹，激发他们对党、对国家、对人民的热爱之情，激发他们的民族自豪感，培育他们的爱国主义情怀；第五，学生通过走进传统文化、红色文化和当代文化“现场”，走进历史“现场”，能够真切地感受中华文化的源远流长、博大精深，并从中学到许多做人做事的道理。

但是，我们也应该注意到，我国中小学道德实践教育还存在诸多问题：一是学校对学生道德实践教育的重要性的认识还有待进一步提高；二是学校活动德育课程开发与实施的力度还有待进一步加强；三是高等师范院校对中小学实践教育急需的体验教育师资的培训还远远不够，学校能够胜任实践教育、热爱实践教育的优秀师资仍严重不足；四是基层教研部门和中小学普遍缺乏对实践教育特别是活动德育的深入研究，导致一些学校活动德育的规范性和科学性不足，水平不高，活动随意化、形式化和表面化的情况普遍存在，因此，中小学活动德育急需系统、科学的活动德育理论加以指导。

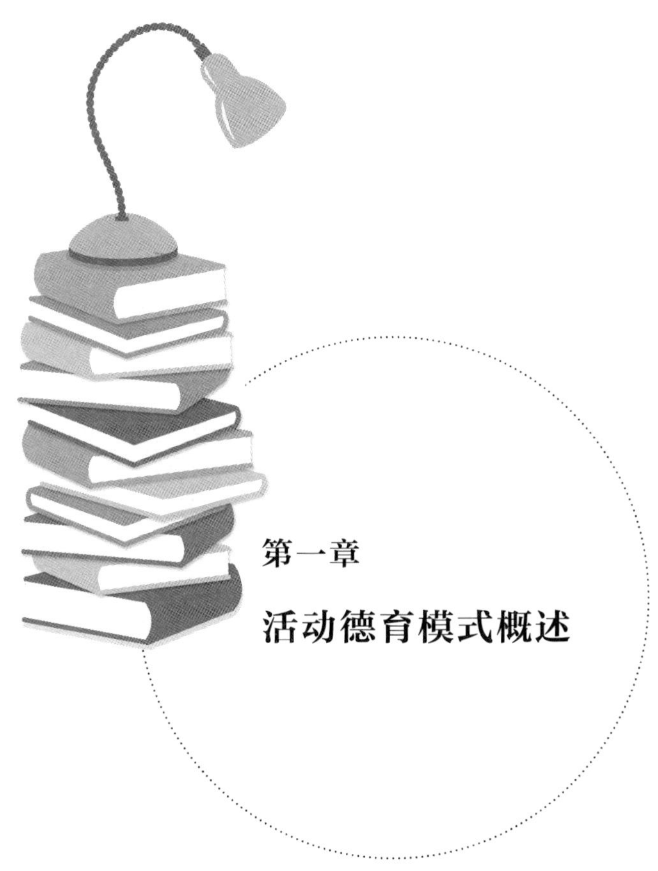

第一章 活动德育模式概述

德育模式是人们为了提高学校德育的有效性，“运用‘模式’研究法，对在德育现象中逐步形成的、相对稳定的、较为系统而具有典型意义的教育经验，加以抽象化、结构化，使之形成特殊的理论形态”①。德育模式反映了德育的本质和规律，是连接德育理论和德育实践的纽带与桥梁，具有一般教育范式所具有的简明性、具体性、可操作性和相对稳定性等特点。

活动德育模式是在现代德育理念的支配下，对活动性德育的目标、过程及其组织方式、操作手段以及评价机制等所做的简要的、特征鲜明的表述，是在反省传统道德教育的弊端并克服了现代认知主义道德教育的局限的基础上，为突出道德教育的主体性和实践性本质而提出的一种现代道德教育模式。

一、 活动德育的界定

所谓活动德育或活动道德教育，简单来说，就是在活动中通过活动且为了活动的道德教育。这里的活动是指个体自主的活动，它既是道德教育的目的，也是道德教育的手段。作为目的，它是指通过活动教学，使学生实践道德生活或形成一种道德的生活方式；作为手段，它是指教育者应当把活动作为个体道德发生、发展以及道德之个体意义实现的源泉。②

（一）对活动德育之活动的理解

活动德育的活动属于活动课程意义上的活动，是指具有道德教育意义和功能的个人外部活动，即影响个人的道德意识、道德行为及调节人际关系的外部活动，具体说就是由学校教育团体或个人策划组织的、由学生自主参与的、以学生兴趣和道德发展需要为基础的、以促进个体道德发展和社会和谐为目的的现实的社会交往活动。它包含四层意思：其一，指主体的自主活动，体现了活动的能动性特征；其二，指个体现实的、感性的活动，而不是内部思维活动；其三，指社会互动和社会交往

① 班华：《现代德育论》，238页，合肥，安徽人民出版社，2001。

② 戚万学：《活动道德教育模式理论构想》，载《教育研究》，1999(6)。

活动，体现了活动的社会性特征；其四，指以促进个体道德发展和社会和谐为目的的活动。

由以上四点可见，活动德育的活动并非指所有的活动，它不等同于一般活动，也不等同于学校一般的课外活动，具体比较如下。

1. 活动德育的活动不等同于一般活动

哲学意义上的活动(一般活动)是指主体与客体相互作用的过程。活动具有目的性，所以活动也可以看作“人与周围现实积极的相互作用中有目的地影响客体以满足自身需要的过程”①。根据不同的活动目的，我们可将一般活动归类到不同的领域，如农业生产活动、工业生产活动、教育活动、娱乐活动等。活动德育的活动首先是一种教育活动(或学习活动)，这种活动的目的是积累道德感性经验，运用和验证道德知识，显然它不同于农民的农业活动、工人的工业活动等其他领域的活动。学生即使参加农业生产活动或工业生产活动，主要目的也不是获取劳动成果，而是培养劳动观念、掌握劳动技能等。

2. 活动德育的活动不等同于课外活动

课外活动中对学生道德发展具有重要价值的一部分活动经过规范设计可成为活动德育课程的一部分，反过来说，活动德育中的一部分活动是由课外活动发展而来的，而活动德育(课程)中的其他活动，则是学校根据德育目标，立足德育需要以及一些社会问题设计而成的。活动德育的活动与课外活动既有区别，又有联系，具体表现在以下三个方面：第一，活动德育的活动与课外活动的主体都是学生，但活动德育的活动是课程(或“第二课堂”课程)意义上的活动，而课外活动是课程以外的活动；第二，活动德育的活动与课外活动都有安排，甚至都有组织，但活动德育的活动的组织安排是系统的、相对时间较长的，而课外活动的组织安排是临时的、相对时间较短的；第三，活动德育的活动与课外活动都有一定的目标，但活动德育的活动目标与学校德育的总目标保持一致，在于促进学生全面素质的提高，而课外活动在很大程度上只是为了满足学

① 车文博：《心理学原理》，213页，哈尔滨，黑龙江人民出版社，1986。

生的个人爱好、培养学生的特长或帮助学生愉快地度过课余闲暇时间。

3. **活动德育的活动与思想品德（政治）课**

活动德育的活动与思想品德(政治)课在总体上都服从于学校的德育目标，是学校德育的组成部分，但两者在具体的目的、内容、教学方式、教学资源和评价方面有着明显的区别。第一，从目的和内容上讲，思想品德(政治)课属于认识性课程，列于学校正式课程之中，旨在系统传授和学习有关道德与思想政治的知识、观念、理论，而活动德育的活动主要是让学生获得直接的道德经验，锻炼道德实践能力。第二，从教学方式和教学资源上讲，思想品德(政治)课的教学方式主要是以教师为主导的课堂讲授，而活动德育的活动主要是由学生自主参加的外部活动，其活动的空间和利用的资源非常广泛，可以是校内外的一切空间和资源。第三，从评价方面讲，思想品德(政治)课强调结构性评价，侧重考查学生知识学习(理解与记忆)的结果，而活动德育的活动评价则重视过程评价，侧重考查学生在活动过程中情感、态度、价值观的生成等。

4. **活动德育的活动与实践**

哲学上的实践是指“人们能动地改造和探索物质世界的一切社会的客观物质活动”或“一切同客观世界相接触的人的有目的的感性活动”①。活动一般指人的活动，包括物质的感性活动和精神的观念活动。显然活动概念的外延比实践概念的外延要大得多。教育学意义上的活动一般指人的感性活动，因此这里的活动同实践是基本一致的。戚万学认为，活动德育取活动而不取实践作为中心概念，主要基于两点。一是“在马克思主义经典著作中，‘实践’、‘活动’、‘感性活动’、‘物质活动’、‘实践活动’等通常是作为同义词而交替使用的，所以，在这里用‘活动’而不用‘实践’也当是允许的；其次，用‘活动’而不用‘实践’，又是为了表明活动与实践的一些区别，凸显活动的特殊本质”。二是“实践为群体、社会活动，而活动虽有社会的性质，主要指个体的活动；前者主要是一个哲学、社会学的范畴，后者则可以被看作心理学、教育学范畴。这样的活

① 《中国大百科全书·哲学Ⅱ》，799页，北京，中国大百科全书出版社，1987。

动具有重要的道德发展和道德教育意义”。[①] 笔者在此另外补充一点，这里用活动而不用实践，还因为当今教育中的活动已不只是改造和探索物质世界的客观活动，即实践，还包括模拟的实践活动(如角色扮演)和虚拟的实践活动，显然这些活动已不是哲学意义上的一般的实践活动。

5. **活动德育与活动德育课程、活动德育模式、德育活动**

活动德育又称“活动性道德教育”“体验式道德教育”或“德育实践活动”等，它是教育者根据德育目标、个体的身心发展规律及个体经验创设相关的情境，让个体有计划、有组织地在参与活动(与外部环境的互动)中体验、感悟，进而获得直接道德经验，形成道德能力的一种教育活动。它既是一种道德教育的途径和手段，也是实践性道德教育的理念和思想。活动德育课程是指根据德育目标为指导学生获得主要直接经验和即时信息而设计的一系列以教育性交往为中介的主体性活动项目及方式，是对活动德育的目标、内容、活动方式的规划和设计。活动德育模式是活动德育课程实施的“范式”或“模型”，即活动德育课程实施的一般组织形式，反映德育活动的程序与方法等，所以具体讲，活动德育模式就是在活动德育理念指导下的德育活动内容及其进程与安排在时间和空间方面的特定组合方式。德育活动一般指根据教育主题内容，按活动课要求设计的具体的主题活动方案及其实施过程，是构成活动德育课程体系的基本单元。在未加特别限定的情况下，本书中的活动德育与活动德育课程两个概念可以通用。

（二）活动对道德发展和道德教育的价值

1. **活动是个体道德形成的根源和发展的动力**

马克思主义认为，对事物、现实，人只能从实践和人的感性活动去理解，而不能主观地、直接地去理解。“如果离开人们的实践活动，离开他们的多种多样的实际行为，而孤立地研究道德意识的本质、特性、结

① 戚万学：《活动德育模式的理论构想》，载《教育研究》，1999(6)。

构的话，显然是不可能完全、充分地理解他们的。”①皮亚杰的认知发展理论认为，人的发展是内因和外因相互作用的结果，即心理发展是主体与客体相互作用的结果。他认为，理性的模式只能在协作(互动)中发展起来，也只有通过协作才能发展起来。同样，就道德发展来说，活动特别是协作也发挥着巨大的促进作用，是自主道德产生的根源和发展的动力。儿童通过协作发展了相互了解、相互评价的能力，在互惠的基础上发展了相互尊敬和公正感，培养了“批判态度、客观性和推理思考的行为形式”，从而“使其能够逐渐摆脱成人的和外在的强制，真正执行通过协作得来的规则”。②

2. 活动是自我教育的真正基础

自我教育乃是一种更为深刻、更为根本的教育。唯有自我教育，才能使学生在形成自觉的道德意识与和谐人格的同时，又不失生活的色彩与活力。真正的教育就是引导学生自主学习并教会学生如何学习，即让学生学会自我教育。中国古代有“授之以鱼不如授之以渔”的说法，意思是教学主要不是教给学生现成的知识，而是教给学生学习的方法，即教他们“学会学习”。著名教育家叶圣陶先生也主张“教是为了不教”，这里的“不教”就是指通过教师的“教”使学生学会了自我教育，于是不再需要教师的“教”。在当今提倡终身学习的学习化社会里，自我教育将伴随人的一生，所以“与教育相比，自我教育乃是一种更为深刻、更为根本的教育。从某种意义上说，学生能否进行自我教育以及在什么水平上进行自我教育乃是衡量教育是否成功以及在多大程度上成功的一个重要标准”③。

道德上的自我教育是由自我认识、自我评价、自我立法、自我践行等环节构成的完整过程，其中自我认识和自我评价是自我教育的核心与关键。学生道德的发展程度取决于他在道德生活领域自我认识、自我评价的准确性和深刻性所达到的程度，可以说“学生自我评价水平往往是自

① 转引自戚万学：《活动道德教育的理论构想》，载《教育研究》，1999(6)。

② 转引自戚万学：《活动道德教育的理论构想》，载《教育研究》，1999(6)。

③ 戚万学：《活动道德教育的理论构想》，载《教育研究》，1999(6)。

我教育的水平”[①]。而自我认识、自我评价的一个重要条件是主体必须走出自身，把自我当作与主体“对立”的客体加以认识，而这一点只有在主体的对象化活动中、在主体间的交往中才能实现：一方面，在对象化的活动过程中，学生相互作用、相互评价，不仅学会了评价别人，也学会了评价自己，在比较中逐渐加深对自我的认识；另一方面，在交往中，主体也可以通过别人对自己所做的评价反思并调整对自己的认识，形成和发展自我协调、自我控制的能力。因此，离开了主体的实践、活动和交往，要达到道德教育的目的(自我教育)几乎是不可能的。

3. 活动有助于学生理解道德并激发他们的社会责任感

活动对于道德发展的意义还在于：“首先，通过活动加深了对道德规则的理解，为道德的真正获得提供基础……其次，在协作和交往中，可以培养、发展真正的责任意识和义务感。基于互利、互惠的协作和交往是相互尊重、相互协调以及推己及人、由人及我的‘移情’式理解能力发展的真正前提，从而产生在交往中避免有损双方的利益，趋向有益双方利益的心理要求。真正的道德义务感和责任感由此而生。没有合作，没有交往，人既不能产生真正的责任意识，也无以履行自己的义务和责任。”[②]另外，开展社会实践活动，让学生走出校园，走进社会，了解社会，了解他人，能促使其了解真实的社会民情，正确认识自己与他人、个人与社会的关系，从而让他们学会理解，学会感恩，培养同理心和社会责任感。

4. 活动特别是合作交往活动有助于培养学生的团队协作精神

因为在交往和协作活动中，每个参与者不仅对活动中的个人利益有较深的理解，而且对自己在团队中的角色、地位、作用、权利和义务也能获得较充分的认识：一方面，他可以深切地感受到团队活动的成果有赖于每个成员的努力；另一方面，他也可以清楚地体会到，团队成员合作所形成的凝聚力以及团队活动的成果对保证每个人的利益来说也是必

---

① 詹万生：《整体构建德育体系总论》，442页，北京，教育科学出版社，2001。

② 戚万学：《活动道德教育的理论构想》，载《教育研究》，1999(6)。

不可少的。同时，他既能懂得规则和纪律对个人、团体的约束与规范作用，也能体会到它们对个人发展、个人利益的保证和促进作用。这样，他对集体规章的遵守就不是被迫的，而是自觉自愿的，或者说服从集体利益成了他的内部需要。这种由参与、体验所引起的自我教育的效果显然比单纯的理论说教要有效得多。①

5. 活动有助于培养学生的自信心

教育意义上的活动对学生来讲是一种体验性学习，也是个性化学习，它能为每个学生提供参与和展示的机会；活动的情境性、实践性、开放性等特点和发展性的评价方式，都利于激发学生的兴趣，吸引学生积极参与。学生在活动中扬长避短，大胆表现，更有机会在成功的体验中发现自我价值，从而建立起自信心。

6. 活动有助于培养学生的道德实践能力

实践能力发展的机制是，在活动过程中，当主体原有的实践能力水平不能满足该实践活动的要求时，主体需要做出更高级的回应，并成功应对该实践活动(解决问题)，这时主体的能力就实现了从现阶段向更高阶段的发展。因此，一般实践能力发展的前提是主体水平与实践活动任务目标之间存在差距，并产生了问题，而解决该问题的过程就是主体不断消除差距、克服障碍的过程；没有“真实而恰当的问题”，就不能对主体的实践能力提出更高的要求，也就不能促进其实践能力的发展。学生实践能力的发展受两个因素制约：一是是否存在真实而恰当的问题；二是该问题是否处于学生的“最近发展区”。② 活动课程的教学模式一般都是问题—解决模式，即学生在活动中通过“问题—解决问题—新问题产生—解决新问题”的循环往复，不断提高解决现实问题的能力，从而锻炼实践能力，因此，活动的过程也是能力发展的过程。

7. 活动德育使道德教育由枯燥严肃变得生动而有亲和力

活泼好动、喜欢探究是中小学生的天性，活动德育的情境性、实践

① 戚万学：《活动道德教育的理论构想》，载《教育研究》，1999(6)。

② 吴志华：《“问题解决”的实践活动模式思考》，载《中国教育学刊》，2007(9)。

性、参与性、互动性、民主性、开放性等特点以及活动德育内容与学生生活的密切联系，都使得活动德育比传统的灌输式德育显得更加生动而有亲和力，这正好适应了中小学生爱游戏、爱活动的天性，有利于激发学生学习道德的动机和兴趣。

二、 活动德育课程的性质与特点

（一）活动德育课程的性质

活动德育课程是基于学生的直接经验、密切联系学生自身生活和社会生活、体现学生在道德学习中的主体地位与作用的实践性课程或体验性课程，是具有独特功能与价值的相对独立的德育课程类型。它与其他学科性德育课程(思想品德课、思想政治课等)具有同等的教育价值，两类德育课程是相互补充和相互促进的关系。

（二）活动德育课程的特点

活动德育课程具有活动性课程的一般特点。

1. 整体性

世界具有整体性，它是由个人、社会、自然交融构成的有机整体。文化作为世界的一部分也具有整体性，是由科学、艺术、道德构成的整体；人的个性具有整体性，是通过对知识的综合运用而不断探究世界与自我的结果；人的道德具有整体性，是道德认知、道德情感、道德行为协调发展的结果。

活动德育课程是一种综合性课程，它依据德育目标和学生的经验组织教育活动内容，其范围包括学生本人、社会生活和自然世界，其内容具有整合性。主题的探究过程体现个人、社会、自然的内在联系，体现知识、情感、行动的综合影响和整体的协调发展，其过程与结果具有整体性。

2. 实践性

实践是道德体验的场域和道德主体性生成的基础，同时也是道德体验深化发展的动力。道德体验不仅在实践中产生，而且在实践中发展，实践建构着主体的精神世界。体验的直接目标是通过亲身参与实践活动，辨别真、善、美与假、恶、丑，从而“确定生活中有意义、有价值的东西”，然后根据社会和人生体验决定新的道德实践活动的方向。

活动德育要求每个学生都要亲身参与、经历、体验活动的全过程，强调师生互动、生生互动以及人与环境的互动。

3. 开放性

活动德育面向每一个学生，尊重每一个学生的个性，着眼于每一个学生的道德发展需要，其目标具有开放性；活动德育面向学生丰富多彩的生活世界，面向人类的各种实践活动，其内容具有开放性；活动德育尊重学生因个人心理基础和生活经历不同而形成的个性差异与学习差异，尊重学生在活动中所产生的个性化的体验、感悟与表现，引导学生根据实际情况进行价值辨析与澄清，鼓励学生在亲历和体验中创造新的道德价值，其过程具有开放性；活动德育提倡多元发展性评价方式，注重过程评价，其评价具有开放性。

4. 生成性

这是由活动德育的过程取向决定的。一所学校、一个年级、一个班级的活动德育课程体系应预先有一个整体的规划，每一个主题活动(课)都应该预先设计周密的活动方案，这是活动德育计划性的一面。但是活动课程的本质是不断生成的，即随着活动的不断展开，新的目标不断生成，新的主题不断生成，认识和体验不断加深，所以新的感悟(思想的火花)也会不断生成。

5. 自主性

活动德育尊重学生的主体地位，为每个学生参与活动创造条件，为学生充分发挥自主性开辟广阔的空间。在活动过程中，学生在教师的指导下，自己选择学习的主题、内容及方式，自己决定活动结果的呈现形式，而指导教师只对其进行必要的指导，不包揽学生应该完成的工作。

6. 情境性

活动德育的核心在于激发学生的情感，而情感的激发又与一定的情境有关，所以无论现实的实践活动，还是模拟实践活动、虚拟实践活动，都须创设具有一定情绪色彩的、以形象为主体的具体场景，创设促进学生道德发展的关系氛围，以引起学生一定的态度体验，帮助学生感悟、理解道德价值，这是成功开展活动德育的基本条件。

7. **反思性**

没有反思，就没有经验的获得；没有反思的教育活动是不完整的教育活动。活动德育既强调外在的亲身经历，又强调内在的反思与感悟，强调行动与反思的结合。活动德育中的活动是以现实生活为基础，根据教育目的和学生需要精心设计的，其中蕴含着一定的道德价值和人生哲理。学生通过对自己在活动中的表现进行反思，对活动中的道理进行辨析、梳理，进而获得感悟，升华情感，形成自律性的道德经验。

三、 活动德育课程中师生的地位与关系

活动德育过程是师生平等交往、积极互动、共同发展的过程。教师和学生都是活动的主体，都是具有独立人格的人，都是活动课程的创造者和活动的有机构成部分。教师是活动的指导者、参与者和协助者，而不是只对学生发号施令的道德权威，更不是游离于活动之外的无动于衷的旁观者。学生是活动的参与者和主动建构道德经验的积极主体，而不是被教师灌输和改造的对象。

师生之间的关系不是教师专制下的给予与接受、控制与被控制的不平等关系，而是一种人道的、民主的、平等的、相互理解与彼此促进的和谐关系，是交往与对话的关系。

四、 活动德育课程的目标

活动德育课程的目标达成：实践道德生活。

活动德育中的活动既是德育的载体和手段，又是德育的目标。作为德育的目标的活动就是指实践道德生活。而所谓道德生活，是指“有关人们利益关系的实践理性生活，是追求人格完善、社会和谐与公正的创造

性生活”①。把实践道德生活作为德育的目的，主要包含以下两层含义。

其一，道德生活是个人生活的一部分，是主体创造的结果。换句话说，主体不是外在于自己生活的，不是自己生活的旁观者或追随者，而是自己生活的开拓者、创造者。所以个人对道德生活的选择应是自觉自愿的，他必须为自己的道德选择负责并能够主动地践行。

其二，实践道德生活既是德育的目的，也是实现其他目的的手段。道德、道德生活本身是开放的而不是封闭的，是发展的而不是静止的。道德生活的目的就是实践新的、更好的道德生活。人应该为了“更好的道德生活进行更艰苦的奋斗和创造，其中包括不断增强实践理性，不断增强自己的创造能力，努力促进人际关系的和谐以及社会关系的和谐”②。

由上可见，活动德育过程应是一个主动的、实践的、流动的过程，而不应是被动的、消极的、静止的过程。在实施活动德育的过程中，应确立学生的道德主体地位，力求把学生道德的发展变成学生自身生活的一部分，变成其生活所必需的东西，从而使他们更好地为自己的道德选择和道德行为负责。这也是活动德育区别于传统的权威主义德育的本质所在。

五、 活动德育课程的类型

根据活动德育课程的组织形式和资源特点，活动德育课程可以分为五种基本类型，即学校常规活动德育课程、考察探究类活动德育课程、社会服务类活动德育课程、职业体验类活动德育课程、专题教育类活动德育课程等。

（一）学校常规活动德育课程

学校常规德育活动包括：有关仪式活动，如开学典礼、升国旗仪式、成人礼、入队仪式、入团宣誓和入党宣誓、学期总结表彰等；重要节日和纪念日，如元旦、春节、元宵节、清明节、中秋节、五四青年节、儿童节、

---

① 高兆明：《道德生活论》，13页，南京，河海大学出版社，1993。

② 戚万学：《活动道德教育的理论构想》，载《教育研究》，1999(6)。

建党节、建军节、教师节、国庆节、卢沟桥事变纪念日、中国人民抗日战争胜利纪念日、汶川地震纪念日、志愿者服务日、全国交通安全日、南京大屠杀死难者国家公祭日、学雷锋纪念日、民族精神宣传月、世界水日、世界森林日、国际劳动节、世界地球日、世界精神卫生日、国际禁毒日等；党团活动、班会活动等。这类德育活动一般都有固定的活动时间和相应的主题活动内容。

（二）考察探究类活动德育课程

考察探究类活动德育是指学生带着有关德育的学习任务，在教师的指导下，亲自深入自然、社会和实际生活中进行参观、考察、调查，开展研究性学习，在观察、记录和思考中，主动获取相关知识，感悟并获得道德价值观(人与自然、人与社会、人与自我的关系)的过程。例如以环境保护为主题的自然考察和城市环境调查、根据有关社会问题进行的社会调查、以红色教育为主题的研学旅行活动等，这类德育活动一般在校外进行，引导学生注重运用实地观察、访谈、实验等方法获取材料，形成理性思维以及批判质疑和勇于探究的精神。

（三）社会服务类活动德育课程

社会服务类活动德育是指学生在教师的指导下，走出教室，走出学校，参与社会(社区)活动，用自己的劳动满足社会(社区)组织或他人的需要，如社会(社区)公益活动、志愿服务、勤工俭学活动等。社会服务类活动德育强调学生在满足被服务者需要的过程中获得自身发展，如促进相关知识、技能的学习，增进对社会的了解，培养对他人的关爱之心，强化社会责任感，提升道德实践能力，将来成为履职尽责、敢于担当的人。

（四）职业体验类活动德育课程

职业体验类活动德育是指学生在实际工作岗位上或模拟的职业岗位情境中见习、实习，体验职业生活，如学工、学农、军训、参加劳动技术教育等。它注重让学生获得对职业生活的真切体验和深刻理解，培养包括职业素养在内的综合素养。例如，学工、学农活动可以培养学生的动手能力、应用所学知识分析解决实际问题的能力、严谨认真的做事态度和吃苦耐劳的精神等；军训活动可以使学生掌握基本的军事技能和军事理论，增强国防观念、国家安全意识，加强组织性、纪律性，弘扬爱国主义、集体主义和革命英雄主义精神，磨炼意志品质，激发战胜困难的信心和勇气，培养一切行动听指挥和雷厉风行的优良作风，树立正确的世界观、人生观、价值观等。另外，参加职业体验活动还可以使学生形成正确的劳动观念和人生志向，提升生涯规划能力等。这类德育活动一般在工厂、农村、部队或综合实践基地(营地)等校外活动场所进行。

（五）专题教育类活动德育课程

专题教育类活动德育包括国情省情教育、爱国主义教育、国防教育、革命传统教育、传统美德教育、环境保护教育、法制教育、毒品预防教育、民族精神教育、民俗文化教育、心理健康教育等。专题教育可以让学生了解国家的政治、经济、国防、民族、文化等方面的基本情况和特点，培养学生的爱国意识、道德意识、责任意识，强化爱国主义观念、集体主义观念；培养学生遵纪守法的意识，引导学生珍爱生命、远离毒品；培养学生乐观向上的心理品质；帮助学生了解、感受自然环境变化给人们生活带来的影响，以能源、低碳、环保为主题开展探索活动，理解环境保护、可持续发展的重要意义；引导学生学习欣赏当地民间艺术，增强学生对民族文化的认同，树立正确的民族观等。

专题教育类活动德育常与创意制作或艺术创作活动相结合，即让学生根据德育活动的主题，运用有关工具、工艺(包括信息技术)、材料等，进行创意设计与制作(如动漫设计、陶艺制作、纸艺制作、木艺制作、扎染等)或艺术创作(文学创作、书法创作、绘画创作、戏剧创作、音乐创作等)，通过创意制作或艺术创作加深学生对相关教育内容的体验、探究和理解，激发学生的学习热情，使学生在亲身参与中形成正确的态度和价值观。

上文对活动德育课程的分类是相对的，而不是绝对的。在学校实际开展德育活动时，不同类型的课程可以结合进行，如学校常规德育活动与专题教育类活动德育经常结合进行，即学校可以利用有关节日、纪念日开展专题教育活动。

六、 活动德育课程的实施过程

（一）活动德育课程实施的一般过程

活动德育课程的实施过程是学生参与道德体验学习的过程。从大的方面讲，一次主题活动德育课程的实施可分为以下三个阶段：

活动准备阶段主要是提出活动主题或问题，明确活动目标，制订活动方案，准备必要的活动条件；活动实施阶段主要是根据活动项目要求在特定的活动情境中组织开展活动，让参与者在活动中学习，在活动中体验，在活动中感悟；活动总结阶段主要是对活动过程、活动结果、活动体验、活动方法等方面进行总结、交流、反思，同时做好分享、反馈，以便优化活动方案，提高活动质量。

我们也可以将一次专题德育活动的过程归纳为以下四个阶段：

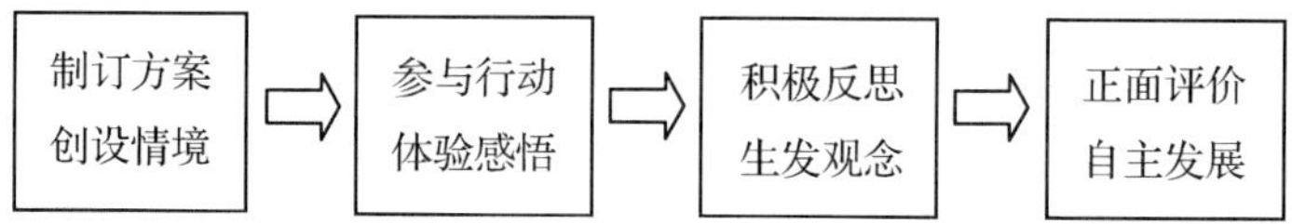

我们将在第四章对上述四个阶段中学生的学习和教师的指导做具体说明。

（二）不同类型活动德育课程的实施过程

不同类型活动德育课程在实施的各个阶段会有不同的内容、方式和要求，具体概括如下。

学校常规活动德育课程的实施过程是：制订活动方案，准备活动资源；开展活动；学生分享(感想、体会、反思)；教师总结与评价。

考察探究类活动德育课程的实施过程是：发现并提出问题；提出假设，选择方法，研制工具；考察探究，获取证据；提出观点；交流、评价探究成果；总结、反思和改进。

社会服务类活动德育课程的实施过程是：明确服务对象与需要；制订服务活动计划；开展服务行动；学生反思服务经历，分享活动经验；总结与评价。

职业体验类活动德育课程的实施过程是：制订活动方案，选择或设计职业情境；实际岗位演练；分享、交流经历，反思并概括个人经验；总结与评价。

专题教育类活动德育课程的实施过程是：选定活动专题，制订活动方案；准备活动资源，营造活动情境；开展专题活动；分享交流活动体会与感想；总结与评价。

七、 活动德育课程设计与实施的原则

根据活动德育课程的目标和特点，我们在设计与实施活动德育课程时应遵循以下原则。

（一）实践性原则

实践是道德形成的基础，道德的实践本质决定了道德教育的实践性特点。在策划和组织德育活动时，教师应力求把学生引向社会，引入生活，让学生走进大自然，在现实的道德情境中体验、探究。

（二）主体性原则

教师要把学生当作教育过程的主体，当作选择、决策、行动的主体和责任者，引导学生自我教育；要与学生建立民主、平等、和谐、合作的教育关系；要与学生一道参与活动，相互教育，相互勉励，共同进步。

（三）开放性原则

首先，教师要将既定的道德规范本身视为一种开放的系统，以辩证的、历史的眼光来看待其合理性，并敢于对其质疑和修正；其次，要鼓励学生在活动中通过亲身体验，对既定的道德取向与道德规范予以鲜活

的说明、具体的充实或必要的改造；再次，要让学生通过体验、感悟及自主判断，最终确认其认为正确的或合理的结论；最后，主张在德育实践中引发学生对多种道德取向和道德规范进行分析、比较与鉴别，培养学生的道德判断与选择能力。

（四）系统性原则

德育是一项系统工程，因此，活动德育课程的设计、编排也要注意系统性，不能盲目随意地想到什么教育主题就临时安排这个主题活动。活动德育的内容和形式既要考虑其包容性和灵活性，更要考虑德育的内在规律性，做到“德育目标一以贯之；德育内容循序渐进”。

（五）创新性原则

创新是素质教育的核心目标之一。未来世界要求人们冲破旧的、僵化的思想，不断发展新思维、新观念。这就要求我们在德育活动中要培植新的思想，要善于反思、勇于探索、敢于批判，要不断研究与发现学生的特点与德育的规律，研究时代特征，在活动的形式、方法和内容方面不断有所突破和创新，培养学生具有新时代要求的道德素质。

（六）反思性原则

教师要促进学生在活动中感悟生命，引领学生在德育实践中认同、接受社会性规则，尊重学生的道德思考与批判精神；学校及德育活动的策划组织者应对活动过程的各环节和活动的效果进行反思，不断探索新的、更完善的德育策略。

八、 活动德育课程的评价

（一）评价理念

1. 整体观

要求在评价中把活动设计、活动实施和活动评价进行统整，使它们融合为一个有机的整体，进而贯彻到活动过程中。一方面，将学生在活动中的各种表现(态度、参与度、人际交往等)和活动的结果(活动总结、活动体会、研究报告、主题演讲、反思与分享等)作为评价的依据；另一方面，注意将评价作为师生共同学习的机会，提供对课程改进有用的信息。活动德育课程的评价主要是发展性评价。

2. 多元化

一是评价标准的多元化。活动德育课程的评价强调多元价值和多元标准，肯定学生与世界交往的多种方式，不仅允许学生有多种解决问题的方式，而且允许学生表现自己所学的形式可以丰富多样。评价者要尽量使用家长、学生及一般人能够理解的语言描述学生的表现，主要采用质性评价，淡化分数或等级。

二是评价主体的多元化。除了教师评，还可以引入学生自评、家长评、学生互评以及其他与活动相关人员的评价。

3. 过程性

活动德育课程的评价必须重视活动过程评价，这是由活动课程的本质所规定的。对学生进行评定的表述应该揭示学生在活动过程中的表现以及他们是如何解决问题的，而不仅仅是他们得出的结论。

（二）评价方式与方法

活动德育课程的评价主要是一种质性评价，而非量化评价。评价应采用诊断性评价和形成性评价相结合的方式进行，综合多种评价方法；可以以观察法、成果展示法、民主评议法为主，再辅之以交谈法、问卷法、活动交流分析法等方法，其中观察、记录和描述学生在活动过程中的具体表现是活动评价的基础。另外，档案袋评定与协商研讨式评定等方法也被认为是比较有效的评价方法。

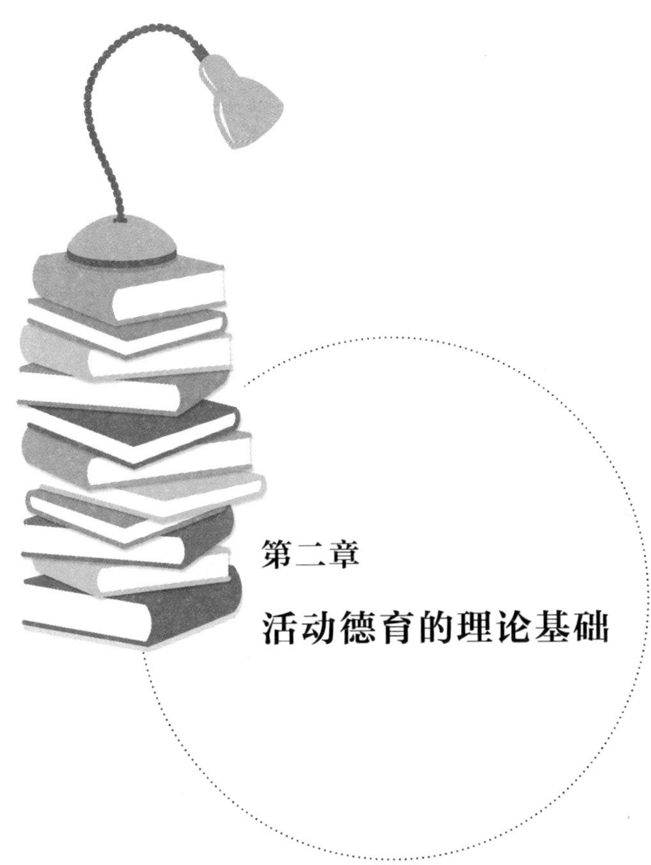

第二章

活动德育的理论基础

活动德育作为一种德育模式具有多方面的理论支撑，如哲学方面的实践哲学理论，教育学方面的主体教育理论、实践教育理论、生活教育理论、活动课教学理论等，学习理论方面的体验学习理论等，心理学方面的建构主义理论、多元智能理论等。这里主要介绍主体教育理论、实践哲学理论、实践教育理论、体验学习理论和生活教育理论的主要观点及其与活动德育的关系。

一、主体教育理论

（一）主体教育理论概述

主体教育理论是华中师范大学王道俊、郭文安两位教授于 20 世纪 80 年代共同研究并提出的。该理论首次界定了学生的主体性及其发展的内涵，论述了学生作为主体在教育活动中的地位和作用，其基本主张有以下几点。

1. 学生是教育活动的主体

所谓人的主体性，是指人的主体意识和倾向以及人作为主体所具有的各种功能属性的总和。主体性主要表现为主体的自主性、能动性和创造性。

①自主性。它表明个体在对象性活动中的地位，是指在一定条件下，个体对于自己的活动具有支配、控制的权利和能力。个体在活动中是否具有自主性，与活动的性质密切相关：第一，取决于个体与活动客体关系的性质；第二，取决于个体能否成为自己活动的主人，个体的自主性在此表现为能以自己的思维来支配自己的行为，去认识和改造客体，而不是盲目地顺从他人的意愿，同时还能自觉地进行自我调节和自我控制。

②能动性。它是指主体自觉、积极、主动地认识客体和改造客体，即可以自主驾驭自己同自然、外部感性世界的关系，是主体对现实的选择。

③创造性。它是主体对现实的超越，是以探索和创新为特征的，是个体主体性的最高表现和最高层次，是人的主体性的灵魂。创造性包含

两层含义：一是对外在事物的超越，即主体通过改造和变革旧事物，产生新颖的、独特的新事物，它常常与改革、发明、发现联系在一起；二是对自身的超越，即主体在改造客观世界的同时，也改造了自身，使“旧我”转变为“新我”，实现自身的否定之否定。创造性既是衡量个体主体性的尺度，也是社会文明程度的重要标志。

主体教育理论的意义在于确立了学生在教育活动中的主体地位和价值，主张在教育活动中尊重学生的主体地位，充分发挥学生的自主性、能动性和创造性，从根本上克服了传统教育忽视学生的主体地位，将学生视为被灌输、被塑造、被改造的客体与对象，以及只强调社会需要而忽视学生自身发展需要等弊端。

2. 教师与学生的关系是平等的关系

传统教育视教师为知识和道德的权威，认为教师在教育中居于主导地位，是“主宰”学生学习成长的“导师”，而学生则是尚不成熟、需要被塑造的客体，是接受知识和教导的“容器”，且学生的“学”只能依赖于教师的“教”，而不能质疑和反驳教师的观点，即强调“师道尊严”，忽视了学生的主体地位和对学生应有的尊重。主体教育理论认为，教师与学生都是教育活动的主体，他们之间是一种平等的关系，是相互影响、教学相长的关系，教师与学生应相互尊重。

3. 强调学生主体间性的培养

所谓主体间性，“即主体通过发挥自己的主体性所体现出来的一种属性，它是两个或多个个人主体的内在相关性”①，它强调主体之间的相互理解、包容与合作。主体教育理论认为，教育不仅要尊重学生个体的主体性，发展学生个体的主体性，还要培养学生的主体间性，即培养学生尊重他人、理解他人、包容他人、善于与他人合作等品质。

在强调学生主体性作用的同时我们还必须指出：学生作为教育对象，作为成长中的个体，还具有受动性、依附性和模仿性等特征，也正是这些特征的存在，决定了教师在教育中存在的必要性和必然性。鉴于多年

① 李臣之等：《综合实践活动课程教学论》，31页，广州，广东高等教育出版社，2007。

来我国教育理论和实践对学生的主体性，尤其是对学生的自主性、能动性和创造性重视不够，当前突出强调这些特征是具有重要现实意义的。但是我们决不能因此忽视或否定学生的受动性、依附性和模仿性，从而轻视甚至否定教师的指导作用，否则我们就会犯历史唯心主义的错误，走向另一个极端。

（二）主体教育理论与活动德育

根据主体教育理论，学生是道德教育和道德发展的主体，具有道德学习和道德发展的自主性、能动性和创造性；学生的道德主体性是在活动中产生、表现和发展的；在道德教育中，教师与学生是平等的伙伴关系，而不是教师居高临下、学生跪地仰望的不平等关系。主体教育理论启示我们，在实施活动德育时要把学生当作教育的主体，当作选择、决策、行动的主体和责任者，充分发挥他们的自主性、能动性和创造性。具体应注意以下几点。

1. 要尊重和信任学生，充分发挥学生的主体性作用

一是要从学生主体出发，在活动主题、活动内容的选择上关注学生作为道德主体发展的需要，加强教育的针对性；二是要让学生作为道德主体参与活动课程的开发、实施、评价等全过程，甚至放手让学生自主策划、组织和实施德育活动，引导学生自我教育，鼓励学生勤于动手、积极合作、自我反思，而教师只扮演策划者、指导者和帮助者的角色；三是要注意发挥学生的创造性，鼓励学生通过探索发现新的道德价值。总之，要避免教师独断专制、越俎代庖和学生只是被动应付的状况。

2. 教师要与学生建立民主、平等、合作的新型关系

民主、平等、合作的师生关系可以营造和谐、愉悦的教育氛围，而和谐、愉悦的教育氛围正是产生良好教育效果的必要条件，可以实现师生相互教育、相互勉励、共同进步；从学生发展的角度看，拥有交流能力、合作意识也是学生事业取得成功的必要条件。因此，优化师生关系可以为学生健全人格的形成与综合素质的提高打下基础。

3. 要注意促进活动中学生主体之间的交往与合作

主体教育理论强调主体间性的培养，而主体间性(主体间的关系)只有在主体的相互交往与合作中才能发生、发展。在现实的交往与合作中，主体习得了沟通、理解、尊重、宽容、公正、信任等价值，并与同伴建立起信任与和谐的关系。

二、 实践哲学理论和实践教育理论

（一）实践哲学理论和实践教育理论概述

实践范畴是马克思主义哲学的核心范畴。实践的观点是马克思主义首要的、基本的观点，它揭示了作为主体的人与客观世界的关系，把实践理解为主观见之于客观的活动。马克思主义认为“社会在本质上是实践的”，强调实践是人的根本生存方式，生产劳动实践是个人自身发展和社会发展的根本途径；实践是认识的来源，也是认识的目的，是认识发展的直接动力和检验认识真理的唯一标准。

教育是促进人的发展的活动，而“教育与生产劳动相结合是人实现全面发展的根本途径”，所以现代教育十分重视将实践教育作为发展人的根本途径与方法。华中师范大学郭元祥教授在《论实践教育》一文中对实践教育的内涵、特点、过程与价值等进行了全面论述，尤其是他关于“教育性实践”与“普遍性实践”的区别的论述，对学校开展实践教育具有重要指导意义。郭元祥指出：“教育性实践，是学生在教师的指导下，以问题为中心，有目的地运用所学知识，在实际情境中认识与体验客观世界，并基于多样化操作性学习过程分析解决实际问题的学习活动。从本质上看，教育性实践依然是一种学习活动或学习过程，而不完全等同于人类的普遍性实践。教育性实践的首要目的不是改造世界，而是促进学生成长，对学生的发展而言，实践既是一种学习活动，也是一种学习方式。”“教育性实践具有体验性、反思性等基本特点。”其体验性表现在“教育性实践通过引导学生经历实践活动的过程，学习运用解决问题的各种基本方法，在实践学习中亲近自然、了解社会、认识自我，丰富学生的成长经验，获得对客观世界和精神世界的感性经验和体验”。教育性实践注重学生在实践体验的基础上的自我反思与感悟，因为“只有通过对经验进行理性反思，经验才能得以系统化和理性化，对人的发展才具有教育性意义”。关于实践教育的价值及实施过程，郭元祥指出：“实践是主体人的发展之必需，实践的教育价值就是实践的发展价值。对儿童青少年全面发展而言，实践既是目的，也是手段。实践的教育价值体现在实践的全过程之中，关注过程、兼顾结果，是实践教育的基本原则。”实践教育的基本过程大致分为三个阶段，即情境理解、过程体验、反思感悟。情境理解是指学生在对实践情境及其多种因素和复杂关系进行识别、比较、分析的基础上，发现问题，提出问题，明确活动的目的、内容、方法和步骤等，它是具体进行实践的前提；“过程体验是实践活动主体运用一定的方法、工具或手段与客体对象交互作用的过程”，它是实践的中心环节；反思感悟是实践主体对自己实践过程中的言行进行总结、思考、内省的过程，其意义在于发现问题与不足，形成正确的观念，把握下一次实践的方向。①

为切实加强实践教育，培养学生的社会责任感、创新精神和实践能力，2001 年启动的基础教育课程改革专门设置了综合实践活动课，该课程是基于学生的直接经验、密切联系学生自身生活和社会生活、体现对知识综合运用的课程形态，是具有独特功能和价值的相对独立的课程。该课程的目标是：让学生获得亲身参与实践的积极体验和丰富经验；形成对自然、社会和自我的内在联系的整体认识，发展对自然的关爱和对社会、对自我的责任感；形成从自己的生活中发现问题并独立地解决问题的态度和能力；发展实践能力以及对知识的综合运用和创新能力；养成合作、分享、积极进取等良好的个性品质。综合实践活动具有整体性、实践性、开放性、生成性、自主性等实践教育的一般特点，其开发与实施基于如下理念：①坚持学生的自主选择和主动探究，为学生个性的充分发展创造空间；②面向学生的生活世界和社会实践，帮助学生体验生

---

① 郭元祥：《论实践教育》，载《课程·教材·教法》，2012(1)。

活并学以致用；③推进学生对自我、社会与自然的内在联系的整体认识与体验，谋求自我、社会与自然的和谐发展。

（二）实践教育理论与活动德育

活动德育是实践教育理论在学校道德教育中的具体应用，是道德教育领域的实践教育。根据实践教育理论，学校对活动德育进行定位，以及在设计和实施活动德育课程时应注意以下几点。

第一，活动德育是基于学生的直接经验、密切联系学生自身生活和社会生活、体现道德认知与道德实践相统一的课程形态，是具有独特功能和价值的相对独立的课程，与其他学科课程(思想品德课、心理健康教育课等)具有等价性和互补性。它不是一般的课外活动，也不是思想品德课等其他课程的辅助或附庸，所以学校应建立活动德育课程体系和课程运行机制。

第二，活动德育的活动或实践是教育意义和课程意义上的实践，即教育性实践，而不是哲学意义上的以改造客观世界为目的的普遍性实践。它有自己特有的理念——人本主义教育理念；有自己的目标——实践道德生活，具有整体性、实践性、开放性、生成性、自主性、情境性和反思性等特点。因此，活动德育课程的设计和实施过程应遵循相应的原则，力求体现这些特点，提升实践活动的教育品质，避免活动的盲目性、随意化和娱乐化，避免学生体验的浅层次和表面化。

第三，活动德育的内容范围和活动空间非常广泛。学校在规划和实施活动德育时应根据社会需要与学生道德素质发展需要选择活动主题，要善于开发校内外资源，特别是要主动整合利用校外教育资源开展活动德育。

第四，综合实践活动课与活动德育有着密切的关系：一是综合实践活动课的目标包含了活动德育的目标，甚至可以说活动德育的目标是综合实践活动课的目标的重要方面；二是综合实践活动课的内容范围包含了活动德育的内容范围，且课程实施的理念、方式等是一致的，可以说活动德育是综合实践活动课的组成部分，是德育课程与综合实践活动课程的交叉部分；三是即便是一些非德育主题的综合实践活动课，也都包含着德育的因素和价值，如合作、分享、积极进取等良好个性品质的培养等。因此，在设计和实施活动德育课程时，教师应自觉以综合实践活动课的理论为指导；要注意在非德育主题的综合实践活动中有意识地渗透道德内容，贯彻德育要求。

三、 体验学习理论

（一）体验学习理论概述

体验学习理论是相对于接受学习提出的。系统的体验学习理论是由美国组织行为学者和体验学习大师 D. A. 库伯在杜威的经验学习理论、勒温的群体动力学理论和皮亚杰的认知发生论等理论的基础上于 1984 年建立起来的，其代表作为《体验学习——让体验成为学习和发展的源泉》。杜威的经验学习理论认为，要保障人类经验的传承和改造，学校教育就必须为学生提供一定的材料，而要获得真知，则必须借助运用、尝试、改造等实践活动，这就是著名的“做中学”(learning by doing)理论。“皮亚杰的认知发生论强调，智力是在经验中形成的，个体的知识源于感官的经验。通过系统的情境设计，把学习者导入学习情境之中，让他们‘身临其境’地体验学习，比如用手触摸，用眼辨察，用耳倾听，用鼻嗅闻，用脑深思，产生更具体、更明确的感动和体悟。”①勒温的行动研究模式揭示了体验学习的过程，即由学习者的具体体验开始，继而观察、反思，然后形成抽象概念与结论，最后在新情境中检验概念。库伯的贡献在于他以杜威、勒温、皮亚杰的理论为基础，深入研究了体验学习的本质。在《体验学习——让体验成为学习和发展的源泉》一书中，他系统总结了体验学习的过程及特点，提出了体验学习的结构模式及学习类型等。

库伯认为，“学习是一种社会过程精心设计的体验”，是“起源于体验

① ［美］D. A. 库伯：《体验学习——让体验成为学习和发展的源泉》，中文版序，上海，华东师范大学出版社，2008。

并在体验下不断修正并获得观念的连续过程”，“学习是体验的转换并创造知识的过程”。体验学习具有如下特点。

第一，体验学习是一种过程，而不是结果。体验学习理论与传统理性主义教育方法只关注认知结果不同，也与华生、斯金纳等人的行为主义教育方法只关注行动结果有着本质的区别，它更加关注学习的过程，认为学习是“起源于体验并在体验下不断修正并获得观念的连续过程”，“学习是一个顿悟的过程，学习结果呈现的仅仅是过去的记录，而不是将来的知识”。

第二，体验学习是以体验为基础的持续过程。意思是说，当前的体验都建立在以往体验所产生的经验之上，同时，当前的体验所形成的经验又是下一次体验的基础，影响或修正下一次体验。研究表明，人在每一次学习前“都已经怀有一些自己所相信的东西”，这些“东西”是他的新的学习的基础，影响新的学习过程；“每个人都是带着或多或少的态度倾向进入每一个学习情境的”，虽然学习情境变了，但体验本身具有持续性。根据学习的持续性特点，“作为一个教育工作者，他的工作不仅是要灌输新的思想，也要处理或修正学习者原有的经验……如果教育过程开始于引导学习者原有的观念和理论，并去检测这些观念和理论，然后使新的更精确的观念与个人的原有观念的系统相结合，学习的过程将会事半功倍”。①

第三，体验学习是在辩证对立方式中解决冲突的过程。杜威、勒温、皮亚杰等都从不同角度强调了体验学习中“辩证对立冲突”的作用：勒温强调的辩证对立冲突是直觉体验与抽象观念，是观察与行为的冲突；杜威强调的辩证对立冲突是给予观念刺激的动力和期望指导的动机的冲突；而在皮亚杰那里，辩证对立冲突是外部世界的经验顺应和同化到已有观念结构中的冲突，这是同时发生的两种过程，也是认知发展的动力。因此，库伯认为，学习本身充满了紧张与冲突——学生既要积极体验，又要反思观察；既要经历具体体验，又要实现抽象概括。

---

① ［美］D. A. 库伯：《体验学习——让体验成为学习和发展的源泉》，25页，上海，华东师范大学出版社，2008。

第四，体验学习是一个适应世界的完整过程。体验学习是学习者适应社会环境和自然环境的核心过程，是个体全部功能——思维、感受、理解与行为的整合以及整体适应外部环境的过程，“它发生在所有的人类环境中，从学校到工厂，从研究实验室到管理会议室，也存在于私人关系和某个杂货店的过道中。它包含在所有的生命阶段，从童年到成年、中年和老年”①。

第五，体验学习是个体与环境之间连续不断的交互作用过程。传统教育认为学习只是个体的内部过程，把学习局限于书本、教师和课堂之中。体验学习理论则认为，学习涉及两个方面，一是主观内部环境，二是外部客观环境（真实世界）。任何学习（体验）都是这两方面条件的交互作用，或者说，个体的发展是内部环境与外部环境、个人知识与社会知识之间交互作用的结果。

第六，体验学习是一个创造知识的过程。杜威将知识划分为社会知识和个体知识，其中社会知识是先前人类文化按经验的客观积累，而个体知识是个体主观生命经验的积累。知识就是在被称为学习的过程中实现客观经验与主观经验的转换的，而这正是体验学习的本质所在。

库伯对体验学习理论的另一伟大贡献在于他系统地研究了各种学习理论和学习策略，创造性地提出了“体验学习圈”，就将体验学习程序化、科学化。所谓“体验学习圈”，是由四个基本学习阶段构成的完整的学习系统，即具体体验（concrete experience）、反思观察（reflective observation）、抽象概括（abstract conceptualization）和主动应用（active experimentation）。也就是说，学习是从具体体验起步，经反思观察、抽象概括与主动应用再到具体体验的循环过程，但它不是“单纯的循环”（平面循环或机械重复），而是一个“螺旋上升的过程”，每一次循环都是崭新的学习。

库伯还天才地发现了体验学习的四种基本方式，即辐合式学习（依赖于抽象概括和主动应用）、发散式学习（依赖于具体体验和反思观察）、同

① ［美］D. A. 库伯：《体验学习——让体验成为学习和发展的源泉》，28页，上海华东师范大学出版社，2008。

化式学习(主要依赖于抽象概括和反思观察)及顺应式学习(主要依赖于具体体验和主动应用)。

(二)体验学习理论与活动德育

体验学习理论提供了活动德育的操作模式。体验学习强调个体与环境的交互作用,强调由具体体验、反思观察、抽象概括与主动应用构成的体验学习循环过程。根据这一理论,我们在设计和实施活动德育课程时,要特别重视活动环境的营造(包括主观内部环境和外部客观环境),为学生主动参与创造条件;注意对活动过程各环节,即创设情境、具体体验、总结反思、评价等进行精心设计和组织,促进学生深度体验。在活动过程中,教师既要关注群体活动,又要关注个体的参与和体验,还要注意通过发展性评价引导学生在更高的层次上持续体验。

四、生活教育理论

(一)生活教育理论概述

生活教育理论是杜威等进步主义教育家针对传统教育重书本知识灌输、轻生活实践学习的弊端提出的。杜威主张"学校即社会""教育即生活"和"做中学",强调教育与生活(实践)的密切联系,主张使教育融于生活之中,而不是与生活相脱离。生活教育理论也是我国著名教育家陶行知教育思想的内核和精髓。陶行知批判地继承和发展了杜威的生活教育思想,创造性地提出了"社会即学校""生活即教育""教学做合一",使生活教育的"生活"扩展至整个社会,从而修正并极大地丰富了杜威的生活教育理论。陶行知说:"从定义上说,生活教育是给生活以教育,用生活来教育,为生活向前、向上的需要而教育。从生活与教育的关系上说,是生活决定着教育。从效力上说,教育要通过生活,才能发生力量而成为真正的教育。'教学做合一',是生活法亦即教育法。"①他主张教育要通

① 陶行知:《陶行知文集(下册)》,820页,南京,江苏教育出版社,2008。

过生活来进行，强调生活与教育之间相辅相成的关系。

（二）生活教育理论与活动德育

生活教育理论反映了教育与生活之间的密切联系，它为活动德育指明了方向，即生活是活动德育的源泉，生活中的道德问题是学生道德实践的课题，学生应走出学校狭窄的范围，走进社会，在广阔的现实生活中学习道德、实践道德、发展道德认知和道德实践能力。

第一，活动德育应注意密切学生与现实生活的联系。学校组织开展的德育活动应与学生的身边生活和社会生活密切相关，要让学生融入生活，在生活中发现问题，运用所学知识分析和解决问题。在开发活动德育课程，选择活动主题，设计活动方案以及实施活动德育课程时，学校应关注现实生活事件，营造生活情境，在生活化的情境中活动，而不是为活动而活动，使活动流于形式。

第二，活动德育要符合学生的兴趣和需要。生活教育强调学生与环境之间的相互作用和影响，强调学生的积极参与，所以学校在活动设计与实施过程中要注意根据学生的兴趣、需要等选择活动主题，营造活动情境，采用学生喜闻乐见的形式和手段激发学生的学习兴趣，充分调动学生参与体验的积极性。

第三，学校要注意整合利用校内和校外资源开展活动德育。谈到活动德育或实践教育，我们容易想到校外社会实践活动，但我们也不能忘记“学校即社会”“教育即生活”，学生生活于其中的学校是一个道德社区，学生在与学校各种环境的交往中也时时面临道德选择，因此，校内资源也是活动德育的重要资源，学校既要重视开展校外活动德育，也要重视开展校内活动德育。

第三章

活动德育课程开发

一、 活动德育课程开发的含义

“课程开发” (curriculum development)这一术语是由“课程编制”或“课程编订”“课程建设”等词演变而来的，20 世纪 70 年代开始在教育学界流行。它是指“使课程的功能适应文化、社会、科学及人际关系需求的持续不断地决定课程、改进课程的活动和过程”①。课程开发强调过程性和动态性，一般来说，它所关心的课程问题主要是课程开发的层面、机构、人员等。

在过去相当长的一个时期，课程开发一直是高等学校的专利，中小学主要执行国家规定并开设由高等学校开发的课程，即国家课程。2001 年，教育部《基础教育课程改革纲要(试行)》提出新一轮基础教育课程改革的目标之一是“改变课程管理过于集中的状况，实行国家、地方、学校三级课程管理，增强课程对地方、学校以及学生的适应性”，强调开发并实施校本课程，特别设置了独立的综合实践活动作为必修课，指出该课程是由国家规定、地方指导、学校自主开发并实施的课程。可见，课程开发不再是高校的专利，开发实施“校本课程”已成为中小学的重要任务之一。

校本课程开发是指学校为了达成教育目标或解决学校的教育问题，依据学校自身的性质、特点、条件以及可以利用和开发的资源，由学校教育人员与校外团体或个人合作进行的课程开发活动。综合实践活动课作为校本课程和独立的课程形态，有利于密切学生与自然、社会和生活的联系，其目标是：“使中小学生获得参与实践的积极体验和直接经验；形成对自然、社会、自我之内在联系的整体认识，发展对自然的关爱和对社会、对自我的责任感；发展包括道德能力、生存能力、动手能力在内的综合实践能力；发展对知识的综合运用，培养科学素养和创新精神；养成合作、进取、文明、守纪和吃苦耐劳等良好的个性品质，促进学生

---

① 钟启泉：《课程与教学论》，83 页，上海，华东师范大学出版社，2008。

素质全面发展。”活动德育课程是综合实践活动课的重要组成部分，因此，我们认为，中小学活动德育课程开发，是指学校为了达到德育总体目标，依据学校自身的性质、特点、条件以及可以利用和开发的活动资源，由学校教育人员与校外团体或个人合作进行的确定德育活动目标，选择德育活动内容和活动方式，并对活动进行计划、组织、实施、评价、改进，以最终达到德育目标的整个工作过程。

二、 活动德育课程开发的依据

（一）有关中小学德育工作的教育文件

政策依据主要是指党和政府有关德育工作的重要文件。改革开放以来，党中央、国务院、教育部等发布了一系列关于学校德育工作的重要文件，如《关于进一步加强和改进学校德育工作的若干意见》(1994 年)、《关于深化教育改革，全面推进素质教育的决定》(1999 年)、《关于适应新形势进一步加强和改进中小学德育工作的意见》(2000 年)、《基础教育课程改革纲要(试行)》(2001 年)、《中小学开展弘扬和培育民族精神教育实施纲要》(2004 年)、《关于进一步加强和改进未成年人思想道德建设的若干意见》(2004 年)、《关于培育和践行社会主义核心价值观进一步加强中小学德育工作的意见》(2014 年)、《关于推进中小学生研学旅行的意见》(2016 年)等。这些重要文件代表党和政府对学校德育工作的要求，不仅有对各学段德育的目的和内容的规定，还有对德育途径与方法的指导，其中特别强调教育与生产劳动相结合，强调开展社会实践教育或综合实践活动，强调德育工作密切联系学生生活和社会实际等，为活动德育课程开发提供了重要的政策依据。

（二）学生特点

中小学生正处于青春发育期，他们的身体外形和体内机能都发生着快速变化，情绪、情感日益丰富，社会性道德感的比重逐渐加大，自我意识也快速觉醒，心理上往往存在很大的矛盾和冲突。这一时期是心理问题和心理疾病的多发期，因此，学校德育工作只有准确把握学生的身心发展特点，采取学生喜闻乐见的方式开展德育活动，才有可能取得良好的教育效果。

城市学生与农村学生、经济发达地区学生与欠发达地区学生、小学生与中学生、低年级学生与高年级学生，都属于不同的学生群体，存在一定的差异，也往往面临不同的道德成长问题和道德发展需要，因此，活动德育课程开发者应注意把握不同年龄段学生的身心特点，研究不同年龄段和不同学生群体的道德状况、道德成长问题和道德发展需要，有针对性地选择适宜的德育活动主题和科学的活动方式，开发出有价值的活动德育课程。

（三）体验教育相关理论

活动德育课程开发的主要理论依据有主体教育理论、实践哲学理论和实践教育理论、体验学习理论和生活教育理论等。本书第二章已对上述理论做了简要介绍，并对其与活动德育的关系进行了分析。主体教育理论确定了学生在道德教育和道德发展中的主体地位，启示我们在实施活动德育时要把学生当作教育的主体，当作选择、决策、行动的主体和责任者，充分发挥他们的自主性、能动性和创造性；活动德育实际上是实践教育理论在学校道德教育中的具体应用，活动德育课程开发自然要以实践哲学理论和实践教育理论为依据；生活教育理论反映了教育与生活之间的密切联系，它为活动德育课程内容的选择指明了方向；体验学习理论强调个体与环境的交互作用，强调由具体体验、反思观察、抽象概括与主动应用构成的体验学习循环过程。它们都是活动德育课程设计与实施最直接的理论依据。

（四）学校及周边的德育资源状况

开发活动德育课程，一方面，学校要考虑学校自身的德育课程资源，包括学校现有的师资、场地、设备和设施等。另一方面，学校对周边的德育资源状况也需要进行详细的调查了解：各类历史博物馆、文物展览馆、物质和非物质文化遗产等可用来开展中华优秀文化教育；革命纪念地和纪念馆、烈士陵园(墓)等可用来开展革命传统教育；法院、检察院、公安机关、监狱、戒毒所等可用来开展法制教育和禁毒教育；军事博物馆、国防设施等可用来开展爱国主义教育和国防教育；交通队、消防队、安全教育馆等可用来开展安全教育；展览馆、美术馆、音乐厅等可用来开展文化艺术教育；养老院、儿童福利机构、残疾人康复机构等可用来开展爱心教育；污水处理企业、公园等可用来开展环境保护教育等。课程资源的丰富性和适切性决定着课程目标的实现范围与实现水平。没有课程资源的支持，课程开发将无法实现。将学校自身及周边的德育资源作为活动德育课程开发的依据之一，要求课程开发者充分调研课程所需的校内外资源，最大限度地利用学校本身的资源，合理发掘和运用社区、兄弟学校、企事业单位等校外课程资源。只有充分而合理地利用各类德育课程资源，才能保证活动德育课程的顺利开发和有效实施。

三、 活动德育课程开发的指导思想

活动德育课程开发要以全面推进素质教育、贯彻《基础教育课程改革纲要(试行)》的精神为指导，以建设具有鲜明特色的活动德育课程文化、培养学生的道德实践能力为目标，以形成形式多样、内容丰富、资源充足、学段衔接的课程体系和培养专兼职相结合的具有专业素养的教师队伍为重点，规范活动德育课程的实施与管理，努力提高活动德育课程的实效性。

四、 活动德育课程开发的原则

（一）活动目标的针对性原则

人类活动与动物活动的根本区别在于人类活动具有目的性和意识性。教育人、培养人的活动德育课程，首先应有明确的活动目标，有了活动目标，活动过程才有方向。但活动目标并不是随意确定的，而是要从学生的道德素质发展需要出发，并根据他们的年龄特点和个性差异进行选择。因此，无论哪一项课程开发工作，都无一例外地首先要对教育对象进行需求调研，以便充分了解教育对象的身心特点和道德发展水平，这样制定出的德育课程目标才有针对性，设计的活动方案才可能是科学的和可行的。

（二）活动内容的科学性原则

课程开发者首先要了解现当代德育内容的一般要求，要充分把握学校德育内容的主要层次，还要随时关注一些偶发因素对德育内容的影响。一般认为，学校德育课程的内容应该包括四个主要层次：一是基本文明习惯和行为规范的教育；二是基本道德品质的教育；三是公民道德或政治素养的教育；四是较高层次的道德理想教育，即信仰教育。目前还有一些学校德育课程的主要内容集中在第三、第四层次，过于强调爱国主义、理想主义、集体主义等，导致与学生生活息息相关的个人修养、社会公德培养层面被弱化，从而被指责为“脱离实际”。我们认为，活动德育课程的主要内容必须是符合这一层次划分的，这种划分相对来说是公认的比较科学的，四个层次的内容缺一不可。当然，如果我们发现学校的活动德育课程有“假、大、空”的趋向，我们就应该强调课程向学生的生活经验回归，多挖掘学生生活中迫切需要解决的道德问题作为活动内容。此外，我们在设定活动德育课程内容时，还要与教育对象的学段层次相匹配，同时依据不同的主题在活动内容上进行区分。课程开发者也可以多方参考，找到德育方面的权威文件作为课程内容的主要依据，再结合校情学情适当调整，以保证课程内容的科学性。

我们也注意到，由于德育过程本身所具有的复杂性与反复性以及一些偶发事件的影响，活动内容不能简单划一，还应该有一部分应对偶发事件的“填空课程”，如学校“主题班会”的一些内容就是针对某些偶发事件所涉及的道德问题选择的，这部分内容可看作活动德育课程中的“填空课程”。相对固定的内容体系与灵动型课程互补，动静结合，才能使活动德育课程的内容满足当下的德育需求。

（三）活动形式的生动性原则

目前很多学校的德育活动都有“制度化”的倾向：每周升一次国旗、每周开一次班会、每逢纪念日组织参观访问等活动已成为大部分中小学的常规活动德育课程。应该说，系统化的组织和规范化的程序，保证了学校德育活动的持续性、稳定性与易操作性，但这种“制度化”的活动德育课程最容易受人诟病之处就在于它可能导致活动形式呆板、缺乏创意。

为避免“制度化”的德育活动带来的枯燥感，我们在进行活动德育课程开发时要坚持生动性原则。生动性的含义有两点。一是课程开发者要能大胆改造现行的一些形式不够新颖的“制度化”课程，添加更有利于突出学生自主性、更富有德育意义的创新元素。例如，很多学校已将原有的升旗仪式由固定的教师主持改为由各班级学生代表主持；“国旗下的讲话”形式和内容也不拘一格，可以是“国旗下的演讲”“国旗下的歌唱”“国旗下的朗诵”等。二是课程开发者要与时俱进，注意运用现代先进的网络技术和新媒体探索新的活动组织形式，同时广泛征集学生的意见和建议，积极借鉴其他国家先进的理念和思路，不断提高德育活动的新鲜感和吸引力。电视娱乐节目的推陈出新在这一方面为我们提供了很好的借鉴，例如，从《变形记》到《爸爸去哪儿》，从《最强大脑》到《音乐大师课》，主题越来越贴近生活，形式越来越强调互动，教育意义也越来越明显。总之，丰富多彩的电视节目让我们看到编导们在提升节目质量和吸引观众上下足了功夫。同样，课程开发者也需要有这种精神，要善于吸收与学习，善于改造与创新，力求活动德育课程为学生所喜爱和推崇。

（四）活动评价的发展性原则

活动德育课程评价分为“对学习者的评价”和“对课程本身的评价”两类。从课程开发者的具体操作来看，这两种评价需要设计出完全不同的评价体系。对活动德育课程开发者而言，对活动后教育对象的道德品质发展情况进行评价，是课程开发工作固有的内容之一，但开发出的这一课程是否符合教育对象和学校德育的需求，撰写的活动计划是否完善，活动内容是否正确，活动组织是否高效等，就需要学校组织专门的人员来进行，必要时还需要开发出专门的测评系统。

坚持发展性原则，课程开发者要首先做到为教育对象设计出科学的评价体系：评价主体多元，评价方式多样，以评价促发展，可以由学生自评、互评，也可以由教师评、家长评或社区评；评价方式可以采取协商讨论式、自我反思式等；评价的最终目的是要促进学生道德品质的发展。另外，课程开发者还需要自行制定出一套能对课程本身进行科学评价的测评体系，能对自己的课程开发工作是否科学进行评价。对课程的评价，同样要求“评价主体多元，评价方式多样，以评价促发展”，可以由学生评、家长评、同事和领导评，可以用访谈的方式、问卷调查的方式，或听证会的方式；评价的最终目的不在于甄别，而在于促进教师专业成长，促进学校的活动德育课程开发工作不断完善。

五、 活动德育课程开发的类型

从课程开发的主体来看，活动德育课程开发有两种类型：一种是合作开发；另一种是教师个人开发。

（一）合作开发

合作开发分为校内合作开发与校外合作开发两种方式。校内合作开发是指校内多位教师一起合作开发活动德育课程；校外合作开发是指学校与校外人员或单位合作开发活动德育课程。

1. 校内合作开发

校内有关教师形成课程开发团队共同开发课程，是活动德育课程开发最常见的形式之一。活动德育课程开发通常涉及班级、场地、物资、经费等众多问题，需要学校各个部门领导和同事的积极配合与大力协助。校内人员形成合力，充分发挥各自的优势，就能保证课程开发的顺利与高效。

2. 学校与校外相关主体合作开发

(1)学校与专家合作

活动德育课程开发实际上是活动德育与课程开发实践不断发展、丰富和完善的过程。学校可与教育科研部门或高等院校的课程专家和德育专家合作。一方面，课程开发方面的专家或德育专家可为学校活动德育课程开发提供科学的理论指导；另一方面，具有开发条件的学校为活动课程理论与实践的结合提供了重要的实践场所。

(2)校际合作

校际合作，即学校与学校联合。活动德育课程开发不能只局限于学校本身的活动，需要与其他学校构成互动关系。这种模式要求各学校的德育理念相近，资源可互补。例如，一些城市学校与农村学校开展旨在让学生尊重差异、了解彼此的交流活动，就属于校际合作开发的课程。

(3)学校与校外单位合作

学校进行校外活动德育课程开发时，应与社区甚至市外有关单位联合。例如，学校可以与社区的博物馆、纪念馆、慈善机构、社工或义工机构、德育基地、敬老院、福利院或有关企业等一些具有丰富德育资源的机构或单位联合开发活动德育课程。

(4)学校与教育行政部门合作

某些具有专题教育性质或者被期望在较大范围内推行的活动德育课程，需要学校与教育行政部门联合开发。教育行政部门可提出方针和原则，进行政策、财力、物力支持和地区间学校资源的调配利用，而学校则集中师资进行课程开发。目前很多地区的教育行政部门组织全市中小学生在各德育学校(综合实践活动基地)进行的廉洁教育、爱国主义教育等，就属于这种类型。

（二）教师个人开发

教师个人开发是以教师个人为课程开发主体进行的一种课程开发。教师个人要肩负起从课程设计到课程评价的整个过程，在这一过程中，教师也会寻求他人的帮助，但不构成合作关系。像班会活动这样一些比较简单的活动德育课程，可以采用教师个人开发的形式。

六、 活动德育课程开发的内容与过程

（一）活动德育课程开发的内容

活动德育课程开发的内容，是指课程开发者在进行活动德育课程开发过程中需要完成的所有工作，具体包括以下几个方面。

1. 课程需求分析

课程需求分析是为了回答“为什么要进行该课程的开发”这一问题而进行的工作。课程开发者通过对学校内部环境和外部环境的分析，确立课程开发的必要性。学校内部环境分析主要是指学生、教师、学校德育课程现状与德育资源的分析；学校外部环境分析主要是指对影响活动德育课程的社会的变革与期望、教育系统的要求与挑战等因素的分析。通过分析影响活动德育课程的各种内外因素，课程开发者找到现行活动德育课程的问题，进而对新课程进行论证。

2. 课程资源调查

课程资源调查是指课程开发者对将要开发的活动德育课程所需的资源状况进行调查了解，它其实回答了新课程开发中“凭借什么来进行课程开发”这一问题。众所周知，没有课程资源就谈不上课程开发，课程实施的效果在很大程度上取决于课程资源的丰富程度和适切程度，活动德育课程尤其如此。因此，在活动德育课程开发的过程中，课程开发者必须对课程资源进行调查摸底，以评估课程开发的可行性。课程资源调查的对象主要是直接决定课程实施范围和水平的人力、物力、财力，包括场地、媒介、设备、设施和环境等条件性课程资源。新课程所涉及的课程资源，特别是活动课程资源的丰富程度，会影响到是否进行该课程开发的行政决策。通常来说，调查结果显示的课程资源越丰富越好，但进行新课程开发不一定非要等到所有资源都具备以后才进行。课程开发本身肩负着建设新课程资源的重任，课程开发的过程也是课程资源不断丰富

和完善的过程，而且课程资源本身也需要不断更新、升级。

3. **课程设计**

活动德育课程设计包括活动目标的设定、活动项目的选择、活动过程的安排等方面。活动德育课程目标是指活动德育课程本身要实现的具体目标和意图，它规定了教育对象通过该课程的学习，在道德品质方面期望达到的程度。活动德育课程开发者必须在全面了解学生道德品质的现状与需求的基础上，综合考虑他们在未来社会中的角色和发展方向，同时参考国家在德育方面的相关政策与文件，制定出科学可行的课程目标。在课程目标设定完成后，课程开发者必须选择旨在实现这一课程目标的活动项目，并对活动过程进行设计。

4. **课程资源建设**

课程资源建设是指课程开发者根据课程实施的需要在课程资源调查的基础上，对新课程涉及的资源进行开发、利用、整合和新建。对于活动德育课程来说，课程资源建设的重点在于活动场地、材料与设施等资源的建设。

5. **课程试行与改进**

在课程设计与课程资源建设完成后，活动德育课程应该试行。课程试行通常由学生担任被试，由学科专家、权威教师或学校领导担任评估者。被试的人数及规模随着试验阶段的深入而增加和扩大，一般从少数学生或班级开始。课程试行过程尽可能全程录像，以便深入研究试行过程中出现的各种问题，从而及时修改、完善。

6. **课程评价与反馈**

课程评价包含对教育对象的评价和对课程本身的评价两个方面，因而涉及不同的评价主体、评价方向和评价标准，需要区别对待。在课程评价过程中，终结性评价(总结性评价)和形成性评价是两个最重要的评价形式，两者各有长处，但总体来说形成性评价更受欢迎：终结性评价注重总体分析，力图表明课程目标的实现程度，并对活动课程的有效性和实施效果做出判断；形成性评价是在课程开发全过程中进行的评价，注重细节的分析，旨在找出原因、发现问题，借此可以了解课程本身的缺陷，并以此不断完善课程，提高活动质量。无论对教育对象还是对课程本身，形成性评价的反馈与促进作用都更为明显。

（二）活动德育课程开发的过程

就目前的状况来看，活动德育课程主要以校本课程的方式存在。对校本课程开发模式的探讨，有助于我们准确把握活动德育课程开发的过程。

校本课程开发一般有四个主要模式：目标模式、过程模式、环境模式和动态模式。这四个模式同样适用于活动德育课程开发。我们以目标模式为例来说明活动德育课程开发的一般过程。

目标模式是以课程目标为课程开发的基础和核心，围绕课程目标的确定及其实现、评价而进行课程开发的模式。它是 20 世纪初开始的课程开发科学化运动的产物，被看作课程开发的经典模式和传统模式。它的主要代表是“现代课程理论之父”拉尔夫·泰勒所创立的“泰勒模式”。“泰勒模式”要求课程开发者在课程开发过程中必须回答四个基本问题：

①学校希望达到什么教育目的？

②提供什么教育经验才可能达到这些目的？

③如何有效组织这些教育经验？

④我们如何确定这些目标正在得以实现？

据此，泰勒将课程开发的过程分解为四个基本阶段：确定目标—选择学习经验—组织学习经验—评价。简单地说，这四个基本阶段就是目标—内容—方法—评价，通俗地说，即“为什么教”“教什么”“如何教”“如何评价”。这四个阶段是一个循环往复、周而复始的过程。

我们以“尊老敬老”这一主题为例，阐述使用目标模式进行活动德育课程开发的基本过程。

步骤一，确定目标：学生能够体悟老年人生活的艰难，能以恰当的行动表达对老年人的尊敬。

步骤二，选择学习经验即活动内容：了解老年人的生活状态，知道向老年人表示尊敬的方法。

步骤三，组织学习经验，即确定实现目标的方法：调查家庭或周边老年人的生活现状，赴敬老院体验老年人的生活状况并义务为老年人服务。

步骤四，评价：教师通过观察学生现场的表现，判断学生是否理解老年人的生活处境，以及能否通过恰当的行动表达对老年人的尊敬；教师还可以通过家长、同学等了解学生参加活动前和活动后对待老年人的态度、行为等的变化情况，以此评价学生的道德观念、道德习惯和道德能力发展的程度。

以上是由课程开发的一般过程得出的对活动德育课程开发的过程分析。实际上，很多课程开发者已经将这一过程具体化，得出了一系列校本课程开发的步骤与方法。关于综合课程开发与校本课程开发的过程，我们提出了活动德育课程开发的七个步骤：组织开发人员，课程需求调研，制订开发方案，课程设计，课程试行与观察，课程评价与反馈，修改调整。

1. 组织开发人员

学校或机构要想进行活动德育课程开发，首先要组织相关人员，成立相关机构。一般来说，我们建议学校或机构成立三个小组。第一个小组是课程开发领导小组，由校长、主管课程开发的领导及教科研中心、教导处、学生处等相关机构的负责人组成，其主要任务是对课程开发做出决策，组织人力、物力，协调各方关系，为课程开发提供全面支持，保证活动德育课程开发工作的顺利进行。第二个小组是课程开发指导小组，由教科研中心负责人、德育或课程专家、骨干教师组成，其主要任务是起草课程开发的总体方案，组织教师学习相关课程改革和活动德育的重要文献与最新理论，帮助课程开发教师小组进行活动德育课程设计。第三个小组是课程开发教师小组，负责具体的活动德育课程设计与实施等工作，一般由德育教师和各班班主任组成。该小组的主要任务是在学习相关文献和理论的基础上，分层分类别地设计出成系列的活动德育课程。这三级组织机构应该成为一个有机整体。

2. 课程需求调研

活动德育课程开发的各级机构成立后，即着手进行课程需求调研。这一任务一般由课程开发指导小组和课程开发教师小组一起完成。课程需求调研一是要对教育对象进行摸底，了解他们的身心发展情况和道德发展需要；二是要调研学校或机构自身的资源情况、师资状况，以及周边可供利用的课程资源；三是要对当前的德育政策和德育大环境进行分析，确保开发出的活动德育课程的先进性。通过这几个方面的调研，我们能明确活动德育课程开发的必要性和可能性，从而初步确定需要开发的课程的主要内容。

3. 制订开发方案

在调研分析的基础上，我们需要制订一份开发方案，即规范的活动德育课程开发方案，该方案一般包括以下几部分内容。

(1)课程开发的目的和依据

目的是指学校或机构在活动德育课程开发中所期望得到的主要结果，包括学生的道德发展、教师的发展和学校(机构)的发展等方面。依据主要包括国家的政策、学校或机构的德育理念、学生的德育需求和校内外的资源条件。

(2)课程开发的总体目标

一个学校或机构活动德育课程开发的总体目标，不应该是对国家德育目的的简单重复，也不应该是对各级德育大纲中德育目标的简单重复，而应该由课程开发者在充分了解特定教育对象德育需求的基础之上做出理性思考，制定出符合教育规律和时代潮流的活动德育课程目标。

(3)课程的结构

课程的结构，需要由课程开发者在一开始就有所规划。需要哪些层级的课程，需要哪些主题的课程，课程的课时多少，课程如何安排实施，这些都需要提前思考并列入方案。当然，这可能只是一个框架式的设想，还需要在日后的工作中根据实际情况做出相应调整与修改。

(4)课程开发的工作机构和职责

这一点是指列明参与这一课程开发工作的相关人员及各自的工作职责等。

(5)课程开发的步骤及要求

这一点是指对课程开发的进展做具体安排，明确各阶段的工作任务及要求等。

4. **课程设计**

在对课程开发工作进行全局规划以后，课程开发工作就进入了课程设计阶段。活动德育课程由一个个具体的德育活动项目组成，各个活动项目依据主题或形式等要素形成系列，共同实现某一层级的课程目标。课程设计工作，就要从某一层级的课程目标入手，思考达到这一目标的活动的内容、形式、场地、材料、组织、评价等环节。丰富的课程开发经验提示我们，课程组织阶段的很多工作环节往往需要集体攻关，通过课程开发教师小组的集体思考后，形成初步设计，然后小范围试验、修改、调整，形成比较成熟的设计后再大范围试行。

5. **课程试行与观察**

进入试行阶段的活动德育课程，必须是经过一定范围的试验后被课程开发指导小组和课程开发领导小组所认可的课程。考虑到德育活动效果的隐含性和滞后性，课程试行期限至少应该是一个学期。为尽量减少课程试行对师生可能造成的不利影响，课程开发者应该定期检查，广泛收集反馈意见，发现问题并及时调整。课程试行，是课程研发的继续而不是暂停，更不是终结。

6. **课程评价与反馈**

课程试行阶段结束后，课程开发者就要对活动德育课程进行评价。前面论及，对课程的评价，包含对教育对象的评价和对课程本身的评价两个方面。一般来说，课程开发教师小组主要负责对教育对象的评价，而课程开发指导小组和课程开发领导小组则负责对课程进行评价。相关人员应该设计相应的表格，搜集相关资料和数据等，充分运用现代信息技术对教育对象和新开发的课程进行客观、公正的评价。

7. **修改调整**

在课程评价的基础上，课程开发者需要对课程提出修改或调整意见。对于课程中存在的问题，课程开发者要进行研究分析，提出改进意见并进行修改后的再试行；对于实施效果良好的活动德育课程，学校或机构可以将试行改为推行；对于效果不明显或有较大问题的课程，则应该果断停止试行。

七、 活动德育课程方案的撰写

活动德育课程通常由一个个具体的活动项目组成，所以教师在组织活动前需要设计出具体的活动方案。一个活动项目方案通常由以下几部分组成。

①活动名称：包括单位名称与活动名称，如“××学校××活动方案”，置于页面中央。

②活动对象：参加活动的特定对象，如“××班全体学生”“一年级全体女生”。

③活动背景：说明活动目的，如为什么要开展该活动、学生情况分析、现实环境分析等。

④活动目标：在活动过程中师生预期达到的学习标准，它在整个教学活动中起具体的导向作用，其陈述必须明确具体，具有层次性和可行性，并尽可能采用易于观察判断的行为目标进行表述。

⑤活动时长：活动开始到结束活动所需的时间。

⑥活动资源：列出活动所需的资源，包括人员、场地、物资、经费等，可以列为已有资源和空缺资源两部分；对于空缺资源，要注明资源的取得方式和预计到位时间。

⑦活动过程：这是活动方案的主体部分，要求用简洁明了的表现方式将活动过程的各环节表述清楚，如可以按照活动的先后顺序以表格形式罗列出活动流程，包括活动的内容、要求、人员安排、时间与场地、总结与分享、注意事项等。

八、 活动德育课程开发的策略

（一）合作开发策略

从课程开发的主体来看，活动德育课程开发有合作开发和教师个人开发两种途径。我们提倡尽可能使用合作开发的方式，因为活动德育课

程往往涉及众多人员，需要一定的活动场地，还牵涉经费问题，不像其他学科课程那样，教师即使独自一人也能开发出新课程。活动德育课程开发团队的成员至少应该包括三类：第一类是处于领导层的相关行政人员，如校长、教导处主任、学生处主任等，这类人员负责课程开发工作的指导、监督与协调；第二类是校内外专家，对课程开发起到学术指导作用；第三类是教师团队，肩负课程开发的主体工作。合作开发能最大限度地发挥各类资源的优势，保证课程的科学性并保障开发工作的顺利进行。

（二）资源整合策略

活动德育课程必须与社会生活相统一，以便让学生更好地理解德育知识，在生活或仿生活的情境中培养具有一般性的道德品性。课程与社会生活相统一的重要前提，就是要整合利用各种社会资源。资源整合的途径，可以是与各类社会组织合作开发德育活动，如与社工、义工机构或民间教育机构、德育基地等合作组织相关活动，也可以是争取相关企事业单位的支持，让它们提供活动场地或其他方面的协助，如赴敬老院、法院、禁毒所等单位开展活动。活动德育课程开发者要树立科学的课程资源意识，要有良好的社会交往能力，充分发掘社会中的各类德育资源为己所用，与之建立长期稳固的合作关系，为德育活动的开展创设更贴近生活、更具现实意义的教育情境。

（三）广泛借鉴策略

1. 借鉴企业体验式培训课程

体验式培训是现代企业人力资源培训领域非常流行的一种方式(行为学习法、户外培训、沙盘模拟、教练方式等)，它以培训对象，即企业管理者或员工为中心，强调学员主动、充分的参与和经验共享。在培训内容上，体验式培训旨在帮助学员理解与日常工作相关的知识和经验，并辅导学员开发有助于加强这些关系的特定技巧，发挥自身潜能，增强自信心，增进参与意识和责任心，更为融洽地参与群体合作，磨炼战胜困难的毅力，从而提高解决问题的能力。从培训效果看，体验式培训不仅能帮助学员学到解决问题和克服困难的方法与决心，而且能帮助学员借此树立对生活、工作的正确态度和价值观，能对学员产生长久的影响和激励效果。这种培训理念和目标与中小学德育目标是一致的，所以学校可以借鉴企业体验式培训课程开发并实施活动德育课程。

2. 借鉴社会培训机构开发的中小学体验式教育课程

21 世纪以来，许多社会培训机构适应教育改革和中小学德育工作需要，开发了一系列体验式德育课程，如生命教育活动课、感恩教育活动课、团队建设活动课(拓展活动等)、环境教育(自然教育)课、职业体验课等，其中相当一部分培训课程的设计水平和教师的组织水平都很高。学生甚至教师和家长在参与活动中动情流泪，教育效果良好。中小学在直接引入这些课程的基础上，可以借鉴社会培训机构课程开发的理念、模式以及课程实施的方法，拓展自己的活动德育课程体系。

3. 借鉴美国等国家中小学活动德育的经验和做法

受杜威道德教育思想的影响，美国中小学德育模式主要是“活动德育”“情境德育”和“探究式德育”，是主体生成的，而不是外力强加的。具体做法主要有以下几点。

①重视榜样的示范作用。校长和教师首先成为学生的道德楷模，同时学校也很注意发挥社会典范的“名人效应”，因为模仿是孩子的天性，他们会不自觉地把成人的道德表现作为他们的价值尺度。

②创建道德社区，营造积极的道德文化氛围，提高集体的道德影响质量。他们把教室乃至整个校园看作一个道德社区，培养学生的成员感，教导学生相互尊重、相互认同、相互欣赏和相互关心。在道德社区里，学生既是被管理者，同时也是管理者。作为管理者，学生自己制定班级纪律和行为规范；作为被管理者，他们要自觉执行自己制定的行为规范。

③组织学生参加社会实践，让学生在切身体验中形成正确的价值观。比如，环保教育，不是教师在课堂上大讲特讲环保如何重要，而是教师带学生到实地去考察、去感受、去发现问题，然后教师会提出课题，并指导学生通过各种渠道查阅资料，通过研究发表自己的观点，或给出解

决问题的办法。

④学校、家长和社区共同协作。美国学校与周围社区融为一体，学校教育与家庭教育和社会教育结合得非常紧密。家长及社会人士参与学校教育都有一些具体的措施加以保障，不是一句空话，更不是形式主义。

美国中小学德育的上述经验与做法对我国中小学实施活动德育具有很大的借鉴意义。

4. 借鉴兄弟学校和中小学综合实践基地的活动德育成果

自20世纪90年代我国提倡素质教育以来，特别是2001年我国基础教育启动新一轮课程改革、大力加强实践教育以来，许多中小学在素质教育理论或新课改“回归生活、回归实践”理念的指导下，积极进行体验式德育的探索与实践，形成了许多优秀的活动德育案例。与此同时，全国各地陆续创办了一大批中小学德育基地(社会实践基地、素质教育基地、综合实践活动基地等)，体验式德育课程成为实践基地的基本活动课程。这些活动德育案例和基地活动德育课程均可为其他中小学参考和借鉴。

（四）转型升级策略

课程按学科固有的属性可分为学科课程和经验课程。学科课程是根据知识的逻辑体系，将选出的知识组织为学科的课程，它具有逻辑性、系统性、简约性等特点，思想品德课、思想政治课就属于学科课程。学科课程有助于学生学习和巩固基础知识，也易于教师教授知识，其缺点是不重视各科之间的联系，造成和加剧学科的分离，不利于联系学生的生活实际和社会实践，会忽视学生的兴趣和需要。经验课程是从学生的兴趣和需要出发，以学生的主体性活动的经验为中心组织的课程。经验课程的优点是强调学生当下的直接经验的价值，主张在活动中进行教学和教育；其缺点是容易忽略系统的学科知识的学习，忽视知识本身的逻辑顺序，影响系统的知识学习。活动德育课程属于经验课程。

课程转型主要是指课程类型(其核心是学习方式)的转变，即学科课程(接受式学习)与经验课程(体验式学习)的转换。课程升级是指课程的品质和层次的提升。活动德育课程开发的转型升级策略，是指课程开发者对原有的德育课程或德育活动的内容和形式进行调整、改造，变学科德育课程(接受式学习)为经验课程(经验式学习、实践学习、研究性学习等)，变浅层次学习为深度学习，从而提升课程品质及教育效果的方式、方法。具体包括：①充实课程内容，变单一学习为综合学习；②拓展教育资源，创设教学情境；③营造含情、蕴理的学习环境，激发学生参与体验的学习动机；④以参与、合作为组织形式，帮助学生实现有意义的探索与实践；⑤课程评价由终结性评价转为过程性评价，由单一评价转变为多元评价，由定量评价转变为定性评价，由鉴别性评价转变为发展性综合评价。例如，深圳市育新学校早在20世纪90年代就开发实施了革命传统教育课“重走长征路”，创设(仿造)了“遵义会议会址”“雪山草地”“南泥湾”和“泸定桥”等教育情境。该课程的实施方式是参加活动的学生举着“红军的旗帜”，沿着“长征路”行走一圈。新课改以后，学校对“重走长征路”课程进行了改造：一是整合学校后山的果园、树林等自然资源，将自然教育、野外生存救护、真人CS野战、模拟遵义会议(角色扮演)等内容纳入课程，极大地丰富了课程的教育内容，变单一课程为综合课程；二是拓展了营地教育资源，新建设了“翻越雪山”“胜利会师”“国防教育园”“真人CS野战场”等体验教育资源，增强了课程的实践性、体验性、趣味性，调动了学生学习的积极性；三是对课程方案进行重新设计，着重体现活动课教学的理念、特点和过程要求，突出学生的主体性等。通过以上“转型升级”，原有的“重走长征路”课程的意义得到极大丰富，课程品质也大幅度提升，学生的学习兴趣和参与活动的积极性明显提高。

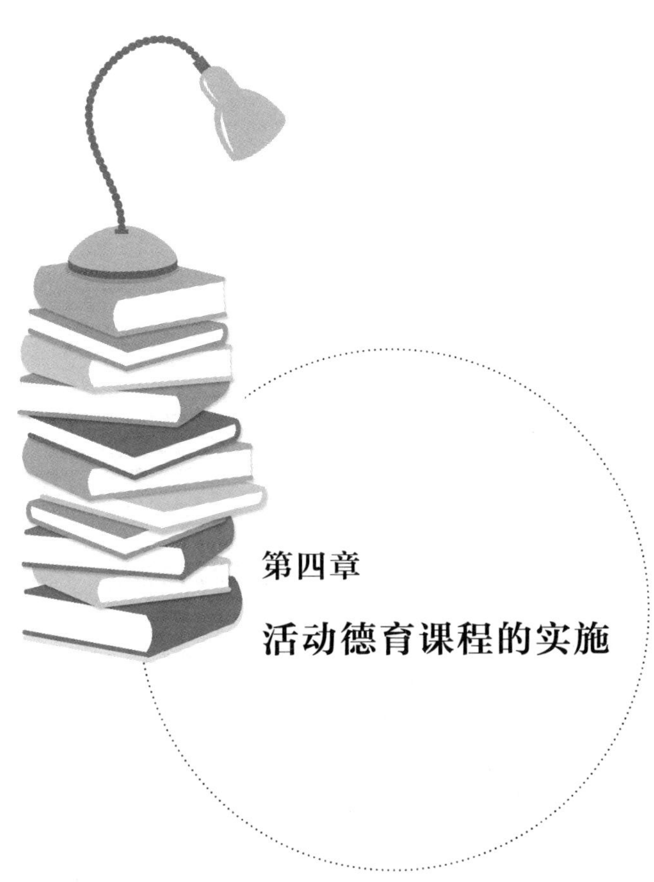

第四章

活动德育课程的实施

一、 活动德育课程实施过程的组织与指导

德育工作者在长期的工作实践中，提炼出了一些不同的活动德育方法，如实践锻炼法、情感陶冶法、角色扮演法、榜样示范法、问题引导法、讨论法等。在活动德育课程的实施中，不同的德育方法要求不同的活动程序，但正如一种理念指导下的学科课程可以提炼出具有通用意义的课堂教学模式一样，根据体验式学习理论的四环节模式，我们也可以总结出活动德育课程的实施过程，即四阶段模式。

（一）制订方案， 创设情境

教师要根据学生情况和教育目标确定活动主题，并对活动的全过程进行精心设计，撰写出活动设计方案；同时，教师要利用已有的情境或创设一种与道德教育要求相一致的自然真实的、模拟的或虚拟的活动情境。教师可以根据活动需要来创设不同的情境：可以播放音乐，创设有利于激发学生情感和想象力的个人空间；可以通过声情并茂的描述，创设有利于激发和引导学生思考的语言情境；可以通过展示精心设计或挑选的图片和视频材料，打破时空的局限，让学生有身临其境之感；可以把学生带到现场，体验真实的社会生活。不同类型的情境有不同的功能，所以教师要充分发挥每种情境的优势，巧妙组合，灵活运用。

（二）参与行动， 体验感悟

在教师的引领和情境的辅助下，学生进入教师设计好的活动环境，开始活动的体验。在活动体验环节，为了让学生的体验更为真实，教师宜从活动的引导者退隐为观察者与监督者，并借助辅助设备(相机、录音笔等)记录某些活动的关键片段，以供稍后的反思评价之用。在这一环节，教师要想方设法让学生真正释放自身的主体能动性，鼓励每一个学生都置身于活动中，通过亲身参与、全身心投入和用心感知，生成道德价值观；要鼓励学生放开手脚，大胆实践，尽可能让学生自主解决所有问题，教师只在必要时为其提供帮助。学生只有在自主体验之后，才

可能有发自内心的感悟，而这种感悟，恰恰是活动德育的精髓。

（三）积极反思，生发观念

在德育活动中，教师要引导学生对活动的过程以及自己在活动中的表现进行反思，在自我反思的基础上感悟道德价值。自主体验活动之后的反思，对于学生深化道德认知、升华道德情感有着“画龙点睛”的作用。在反思环节，教师要为学生创造并保持友好热情的反思情境，让信息有被吸收和运用的空间；为学生创造尽可能积极的情绪体验，以促进个体产生更好的学习效果。在实际操作中，我们提倡以生生对话、师生对话等不同的交流方式引导学生深入反思，在对话与交流中激发思想的火花。

（四）正面评价，自主发展

对体验活动的评价，要吸收当今课改的评价改革成果，多元评价，多种方式评价，注重评价的激励与发展功能。教师可以尝试以“协商讨论式”进行评价，即在生生对话、师生对话的基础上，组织学生自评、学生互评、教师评价等，更多关注学生自身前后道德水平的对比，尽可能以鼓励性的语言让学生获得积极的情感体验，对学生的宽容、勇敢、坚强等个性品质进行正面评价；对于其不足之处，则要明确指出改正的方法与前进的方向。在评价过程中，教师还要注意尽可能采用形成性评价，要重视学生的自我评价，给予学生充分的时间，采用各种方式引导、鼓励学生开展积极的自我评价，以促进学生自主思考、自主发展。

二、活动德育课程实施的主要途径

（一）参观访问

参观，是指实地观察（设施、名胜古迹、相关场馆、教育基地等）。实地参观，使情境对学生道德的陶冶作用得以发挥，易于培养和发动学生的学习动机、想象和理解能力，有利于学生获得生动形象的感性认识，其过程具有情感与认知高度统一的特点；访问，也称访谈，是指访问者通过口头交谈等方式，探望、寻找被访问者，借以询问、了解实际情况，它是社会调查中以交谈方式搜集资料的一种方法。

在活动德育课程中，参观和访问两种形式可以分开使用，也经常结合起来使用，以便让学生获得更为真实、更具感染力的情境熏陶。例如，参观红军长征、抗日战争等纪念馆或遗址时，学校可以安排对老红军战士进行访问，或是对长征和抗日战争有深入研究的学者进行访问。这种类型的访问有时会被报告会的形式代替，笔者以为，单纯的报告会的形式虽然能保证信息的完整和全面，能让学生在较短的时间获得较大的信息量，但它毕竟是单一形式的信息传播，往往忽视了学生的需求与能动性，与教师的讲授相差无几，而访问则是一种互动交流，可以使学生在这一活动中具有更大的自主活动空间。学生在访问前要列好访问提纲，访问中要根据现场情况随时调整，访问后还要整理形成报告或成果——这种形式往往更易激发学生的主动性，更能体现活动德育课程的实践性。为了让各种活动形式的优势得以充分发挥，访问和报告会也可以结合起来使用。例如，在报告会末尾安排一定时间的提问或其他互动交流环节，或是在报告会之前安排类似论坛交流的环节，尽可能让学生参与其中。

（二）仪式典礼

仪式，是指在特定场合举行的具有专门程序的规范化的活动，如升旗仪式、入团仪式、成人仪式等；典礼，是仪式的一种，特指郑重举行的仪式，如开学典礼、毕业典礼、开幕典礼等。古今中外，仪式一直是学校进行活动德育的重要形式，它从一进入学校起就具有重要的德育价值：促成学生对学校所传递的道德观念和精神文化的认同与传承，传达核心价值观，规范价值标准；体现集体意志，凝聚团队情感；熏陶道德情操，指引道德行为，等等。仪式的神圣性能促使学生保持对善的向往，催生学生情感的参与，并最终完成教育的认同与道德的内化。在学校中，仪式活动通常是全校、全班等规模化进行的。在集体仪式中，学生更易形成集体观念和集体意识，也易在集体中获得归属感与安全感。

虽然仪式这一活动在德育中有众多优势，但目前一些学校的仪式往

往陷入形式主义的泥潭。陈腐的形式、学生主体性的缺失，使得很多仪式成为师生的负担。其实，真正的仪式正是以其富含象征性的文化意义和教化意义，吸引了人类社会的长期留恋的；学校仪式同样如此，德育工作者如能认真探寻其中的德育价值，深刻挖掘和审视仪式中的象征符号所代表的意义，科学合理地设计和应用仪式活动进行德育，破除仪式教育中的形式主义，创新仪式流程，创设好仪式情境和氛围，重视仪式中学生主体性的发挥，让学生感受仪式的象征符号，发挥仪式的积极价值，将会使学校仪式成为促进学生道德与精神成长的另一道风景线。

（三）社区服务

广义的社区服务是指政府、社区居委会，以及其他各方面力量直接为社区成员提供的公共服务和其他物质、文化、生活等方面的服务，或指一个社区为满足其成员的物质生活与精神生活需要而进行的社会性福利服务活动。这里的社区服务，专指作为学生活动德育课程形式之一的社区服务，是学生在教师的指导下走出教室，走进社区，运用自身的智力、体力、知识、技能为社会群众提供帮助和解决困难的便民利民服务，如生活服务、科技服务、信息服务、咨询服务等。它是学生为社区建设做贡献并实现个体自身全面发展的一种公益性、主体性活动项目，其德育目标是通过提供实际劳务，培养服务意识和奉献精神，在参与劳动中树立甘于平凡、勇担重任的劳动观念，培养热爱劳动的习惯和珍惜他人劳动成果的品格。

对于中小学生来说，社区服务主要是学校组织的一些面向特殊群体的服务，如赴敬老院或福利院进行捐助、慰问、演出、义务劳动等服务，也有一些服务通过与相关机构合作，以义务服务(义工服务、志愿者服务)的形式开展。这些服务包含着学生对学校所在地所有人的关心，对社区经济、政治、文化发展和社会进步的关心，对改革和建设的关心，具有重要的德育意义：学生通过与他人的接触、交流，能学会理解他人的生活习惯、个性特点、职业情况，懂得尊重人、体谅人；通过体验个人与群体的互动关系，懂得他人和社会群体在个人生存与发展方面的重要性，体验关怀的温暖，对他人的帮助心存感激；同时通过与人交流合作，形成团结合作的精神，形成团队意识和归属感。服务社区，不仅能让学生形成营造良好生活环境的情感和态度，更增强了自身的服务意识和责任感。

（四）社会实践

活动德育课程中的社会实践，是指教师组织、引导学生参与课堂学习之外的各种实践活动，以提高学生的思想认识水平和行为选择能力的德育活动形式。这里所说的实践，“应当是人类在其活动中能动地改造自在世界，同时实现对自身的能动性改造”，是“包括人类个体生活实践在内的全部社会生活实践”。① 广义的社会实践包括学生的校内劳动和家庭劳动、勤工助学、社区服务(公益劳动)与专业实践。笔者以为，社区服务(公益劳动)以服务他人为宗旨，它和以获得自身体验为目的的各类劳动、勤工助学、专业实践存在一定差别，故分而论之；校内劳动(班级和学校卫生值日、纪律值勤、劳动周活动、建校劳动等)和家庭劳动，由于其实践活动的范围与通常意义上的“社会”是相对而论的，故不在此讨论。这里所说的社会实践，主要是指学生的勤工助学、专业实践。勤工助学，如做家教、店员、职员、学校食堂服务员、推销员等，其主要德育目标是让学生在艰苦条件下磨炼意志，培养独立能力和专业才干，丰富阅历，习得职业规范和敬业精神，同时获得一定的经济报酬以缓解家庭的经济压力；专业实践，如大中专学生的专业实习、中小学生的职业体验活动，它在促进学生扩大专业知识领域、加大知识深度、提高专门技能的同时，还培养了学生的专业精神、职业道德和职业适应性。

为切实保证社会实践发挥其应有的德育作用，各级各类学校在组织社会实践时还应根据现实条件，因时、因地制宜地安排具体活动，根据学生所处学段，设定合理且与学生发展阶段相适应的目标，安排与学生认知水平、活动技能和社会阅历相适应的活动区域与实践形式。小学阶

① 戴锐、吴树烈：《社会实践德育问题的探讨》，载《中国教育学刊》，2006(3)。

段的社会实践一般需要家长的配合和参与，可小规模地开展一些简单的职业体验性活动，如超市促销、传单分发、交通劝导等；中学阶段的社会实践一般以班级或学校为单位，安排学生集体参加劳动生产实践，或参与勤工俭学活动，以体验不同地区、不同职业的人们的生活与工作状态，如做一天清洁工、进行农耕体验等。在学生的社会实践过程中，教师应特别注意通过德育性控制来保证教师的主导性与社会实践的德育方向性。所谓德育性控制，即以德育目标为基准、以德育方法为尺度的过程控制，意在使学生较少受到社会的不良影响，减少实践过程中的困惑、阻力和挫折感，指导他们对所学的知识、理论进行运用或重估。这种控制还需要维护学生的积极性、自主性，同时以教师的参与性、导向性和示范性为条件。只有这样，我们才能防止社会实践德育过程因学生缺乏足够的经验和技能而偏离预定方向，从而顺利地实现其德育价值。

（五）模拟实践

模拟，通常指一个实际或抽象的系统行为特征用另一个系统的行为来表示，往往指以生动的演示形式来表达复杂的事物。模拟实践是体验式教学方式的一种，活动德育课程中的模拟实践通常由教师高度凝练活动内容的具体细节，在模拟情境中尽可能逼真地再现现实中的实践场所，并以各种形式组织学生参加模拟情境中的实践活动，从而提升学生的道德行为水平。常见的德育模拟实践活动有“模拟法庭”“模拟联合国”“模拟人民代表大会”“盲走校园”等；一些拓展活动也是以模拟实践为主要形式开展的，如“毕业墙”“人体浮桥”等。

模拟实践是一种注入了游戏精神的活动，深受学生的欢迎。在模拟实践中，学生成为活动的真正主体，学生能自由参与、自在发挥，活动形式也相对更为开放、更具生成性。我们提倡将游戏的自由精神引入活动德育课程之中，就要努力开发丰富多彩、生动活泼的模拟实践，用积极自由的活动，来培养学生自由的道德选择与道德行为能力，最终实现主体道德意志的自由，从而使学生成为自我立法、自我规范、自我服从的真正主体。

（六）虚拟实践

虚拟实践是伴随着虚拟技术和网络技术的发展而兴起的一种崭新的实践形态。张明仓在《虚拟实践与马克思主义哲学的当代形态》中提出："虚拟实践是人利用符号化或数字化中介超越现实性的感性活动，在狭义上指主体按照一定的目的使用数字化中介手段在虚拟空间进行的双向对象化的感性活动，是前数字化时代人类实践活动和虚拟活动的进一步延伸、发展和升华。"网络购物、网络问政、网络教学等活动是虚拟实践在经济、政治和文化领域的典型代表。利用虚拟实践开展德育活动，是教育和时代发展的必然趋势。德育工作者应该与技术人员联手，开发诸如德育互动游戏之类的德育虚拟实践课程。

当然，虚拟实践在极大地促进个体生存、个体认识和个体人格发展的同时，也产生了一系列的道德问题，所以对虚拟实践中的个体进行思想道德教育也日益迫切。网络道德规范、虚拟空间中的自我保护和自我约束成为全新的德育课题。正因为如此，我们利用虚拟实践开展德育活动也就具备了手段与目的的双重意义。

（七）班会、队会和团会

班会，是指在班主任领导下，以班级为单位组织的对全体学生进行教育的活动，是班主任对学生、班级进行组织管理、指导和教育的重要途径，也是学生民主生活的一种重要形式。班会一般分为班级例会和主题班会两大类。班级例会是班级定期举行的对学生实施常规教育的班会形式，举行班级例会是为了强化学生的纪律观念，商讨和解决班级生活中出现的各种问题；主题班会是在班主任指导下，围绕一个主题对学生进行教育的班会形式，它的形式生动活泼，是德育的重要工具，教育效果良好，也最受师生们欢迎。

队会，又称主题队会活动，是少先队组织领导的、以队员为主体开展的群众性的活动。一般组织者事先拟好一个题目，由各小队围绕主题分工合作，共同筹备、举行集会或活动。

团会，一般是指团支部大会、团小组会，以及团组织开展的以思想教育为主要内容的各项活动。它是团的组织生活的基本形式，是团的组织对团员进行思想政治教育和团员进行自我教育的基本形式。

班会、队会、团会等活动是学校的传统德育活动，对于加强学生的集体观念和提高学生的思想认识水平有着重要的意义。关于这些传统德育活动，很多学校都形成了一整套的制度与流程，这有可能导致会议的“僵化”。活动德育课程要求创新各种活动的内容与形式，以新颖活泼的形式来吸引学生，注重学生主体性的发挥。有成效的班会、队会和团会往往从设计到实施都能发动学生主动参与，这就能使学生的创造能力、组织能力和活动能力得到极大发挥，大大提升学生的综合素养，也使活动的德育效果更为明显。

（八）营地教育

营地教育是指一种在户外以团队生活为形式，并具有创造性、娱乐性和教育意义的持续体验。它通过领导力培训以及自然环境的熏陶，帮助每一位营员实现生理、心理、社交能力以及心灵方面的成长。营地教育以教育学和发展心理学等跨学科理论与实践为依据，鼓励、引导学生探索自己，发现潜能。在营地教育中，学生通过团队活动的方式与大自然接触，这有助于其正确认识人与自然的关系，学会关爱自然，同时学习各种生存技能，提高人际交往能力和解决问题能力，同时展示领导才能，培养团队精神，锻炼独立性等。

营地教育在美国、俄罗斯以及中国香港等地发展得比较成熟，中国大陆则起步较晚。新课改后的“十二五”期间，教育部、财政部利用中央专项彩票公益金支持全国各地建设了150个示范性综合实践基地，这些基地开发了很多营地教育活动，如“军事体验营”“生态环保训练营”等，大大丰富了中小学生的户外活动，成为时下流行的德育活动之一。

（九）研学旅行

中小学生研学旅行是由教育部门和学校有计划地组织安排，通过集体旅行、集中食宿方式开展的研究性学习和旅行体验相结合的校外教育活动，是学校教育和校外教育衔接的创新形式，是教育教学的重要内容，是综合实践育人的有效途径。

2016 年，教育部等 11 部门印发了《关于推进中小学生研学旅行的意见》(简称《意见》)。《意见》指出，开展研学旅行，有利于促进学生培育和践行社会主义核心价值观，激发学生对党、对国家、对人民的热爱之情；有利于推动全面实施素质教育，促进书本知识和生活经验的深度融合；有利于满足学生日益增长的旅游需求，从小培养学生的文明旅游意识。研学旅行要坚持教育性、实践性、安全性与公益性四大原则。各中小学要结合当地实际，把研学旅行纳入学校教育教学计划，与综合实践活动课统筹考虑，精心设计研学旅行活动课程，促进研学旅行和学校课程有机融合。

近年来，在各种利好政策的指引下，全国各地先后建立起了一批研学旅行基地，积极探索开展中小学研学旅行试点。例如，某旅行社充分利用井冈山丰富独特的革命传统教育资源，开发了“中国小红军”井冈山研学旅行课程，帮助中小学生深入了解井冈山革命斗争的光荣历史，感悟井冈山精神，自觉传承优良传统和作风。该活动通过为期五天的系列活动，让学生“穿一次红军服”“住一次农家院”“敬献一次花圈”“听一个红军故事”“学唱一首红歌”“纵观一次井冈山的红色景点”，让学生放下书本，在井冈山拓宽视野，丰富课外知识，学习革命历史。除了旅行社，还有很多中小学生综合实践活动基地也积极开发研学旅行课程，如山东省临沂市青少年示范性综合实践基地开展的“研学启蒙万里行，少年人生历长征”研学旅行活动，安徽铜陵市示范性综合实践基地组织开展的“桐城文化考察”“南京大金山国防教育基地考察”研学旅行活动等。

研学旅行是一种具有社会性、体验性的课程，实施起来要比校内的学科课程困难得多，学校和旅行社都面临很多现实挑战。不论是学校、班级、旅行社，还是广大教师，都首先要关注如何有序、安全、有效地组织好研学旅行的各个环节，确保研学旅行不出问题或少出问题，然后再关注课程的专业化和研学效果等问题——这是研学旅行发展的必然趋势。

只有师生的安全得到有效保障后，研学旅行才可能顺利举行，但研学旅行毕竟是一门列入学校教学计划的活动课程，需要注重课程开发工作，以充分发挥它的育人功能，突出其教育性原则。在研学旅行课程开发过程中，开发主体要结合学生的身心特点、接受能力和实际需要，注重系统性、知识性、科学性和趣味性，为学生全面发展提供良好的成长空间。德育工作者则应以敏锐的触角发现研学旅行中的德育元素，设计符合学生道德认知与发展规律的活动课程，让学生充分感受祖国的大好河山、革命光荣历史和改革开放的伟大成就，以活动促进其形成正确的世界观、人生观、价值观。

三、活动德育实施过程应处理好的几个关系

（一）学生自主学习与教师有效指导的关系

活动德育课程是以学生的直接经验和体验为基础开发和实施的，倡导学生自主学习，反对教师越俎代庖。具体讲，活动德育课程就是由学生自主选择学习的主题、内容、方式以及活动结果的呈现形式等(可以个人选择，也可以以集体为单位进行选择)，鼓励学生亲历活动、深度探究道德问题，并形成个人的体验与感悟。总之，活动德育重视的不是活动的最终结果，而是学生在活动过程中的行为、情感、态度等方面的表现和道德价值观的生成情况。

但是，强调学生自主学习，绝不能忽视教师的指导作用，因为教师的有效指导是活动德育课程实施的基本条件。从指导内容来说，教师在活动德育实施过程中的指导在根本上是为学生创设一种真实或模拟的道德情境，引导学生在道德情境中亲身参与、深度体验、发现问题、积极反思，帮助学生通过体验与反思学习道德知识，发现道德价值，并对学生的行为产生积极影响。从指导方式来说，活动德育倡导集体活动、合作学习、探究学习以及活动过程中相关教师的协同指导。教师在活动德育实施过程中对学生的指导是必要的启发、点拨和引导，是对学生情感的激发和对学生行动、思维、表达方面的方式方法的指导与帮助，而不

是对学生行动、思想的全面控制和无休止的道德说教。从指导力度来说，面对不同学段甚至同一学段不同年级的学生，教师对学生的要求以及指导的频度和力度应有所不同。年级越低，教师的要求越低，指导的频度越高、力度越大。

总之，在活动德育实施过程中，教师既要信任学生，鼓励学生积极参与、主动探究、大胆表现，又要注意适时给予学生必要的指导和帮助，使学生的自主学习与教师的有效指导有机结合起来。

（二）活动预设与开放生成的关系

活动德育课程作为课程具有目的性和计划性，因此，学校应对本校的活动德育课程进行统筹规划，制订学校活动德育计划、年级活动德育计划、班级活动德育计划，明确学校、年级、班级活动德育的主题系列、活动途径、实施策略和保障措施等，并为每一个具体的德育主题活动(项目)制订规范的活动方案，以此作为组织开展活动的基本依据和指引。活动方案要明确活动主题、活动目标、活动步骤、活动方法、活动资源、活动规则、注意事项以及评价标准等，形成全校、年级、班级活动德育课程系列。这是活动德育计划性或预设的一面。

由于活动德育作为活动课程秉持的是过程取向，强调学习者与具体情境的交互作用，因此，虽然活动德育强调对每个主题活动的内容、过程进行预先设计，但是活动德育更强调随着活动过程的展开和活动情境的变化不断生成新的目标和新的主题。同时，随着问题的解决和兴趣的满足，学生会产生新的问题、新的感悟(价值观)，这些新的问题和新的感悟往往不是预先设定的，而是自发生成的。教师要认识到这些新的问题、新的感悟产生的必然性(也表明学生体验学习的有效性)，应给予肯定和鼓励，而不是忽视、漠视或简单地予以否定。

（三）行动与思维的关系

活动德育是一种体验式学习，是对行动过程的反思与感悟。它既强调学习者行动的参与，又强调思维的参与，强调行动与思维的结合，体现的是“做中学”。杜威说：“教学法的要素和思维的要素是相同的。这些要素就是：第一，学生要有一个真实的经验的情境——要有一个对活动本身感兴趣的连续的活动；第二，在这个情境内部产生一个真实的问题，作为思维的刺激物；第三，他要占有知识资料，从事必要的观察，对付这个问题；第四，他必须负责一步一步地展开他所想出的解决问题的方法；第五，他要有机会通过应用来检验他的想法，使这些想法意义明确，并且让他自己去发现它们是否有效。”①“所谓思维或反省，就是识别我们所尝试的事物和所发生的结果之间的关系……没有某种思维的因素，不可能产生有意义的经验。”②陶行知说：“行动生困难，困难生疑问，疑问生假设，假设生试验，试验生断语，如此演进于无穷。”他又说：“单纯的劳力，只是蛮干，不能算做；单纯的劳心，只是空想，也不能算做。真正的做只是在劳力上劳心。”③“‘做’含有下列三种特征：(一)行动；(二)思想；(三)新价值之产生。一面行，一面想，必然产生新价值。”④杜威和陶行知都揭示了体验学习的过程以及学习过程中行动与思维相辅相成、缺一不可的关系。根据上述体验学习过程中行动与思维的关系，教师在指导学生开展活动德育的过程中，既要重视学生的行为活动，又要重视学生的思维活动，使动手与动脑相结合：一方面要想方设法为学生创设活动的情境，引导学生积极参与活动；另一方面要注意启发、引导学生积极思考，用心感悟，自主生成道德价值观。

（四）校内活动德育与校外活动德育的关系

学生不仅生活在学校里，还生活在家庭和社区中，社会尤其是活动德育的大课堂。活动德育课程的设计与实施要打破学校、家庭、社区之间的界限，将学校、家庭、社区融合起来，把校内德育活动与家庭教育活动和社区德育活动整合起来，要积极利用双休日、节假日以及政府和

---

① 杜威：《杜威教育名篇》，154页，北京，教育科学出版社，2006。

② 杜威：《杜威教育名篇》，141页，北京，教育科学出版社，2006。

③ 陶行知：《陶行知教育名篇》，96页，北京，教育科学出版社，2013。

④ 陶行知：《陶行知教育名篇》，120页，北京，教育科学出版社，2013。

民间举办的各种大型活动组织中小学生参与校外德育活动，使校外德育活动对接并拓展校内德育活动。

四、 活动德育实施过程的安全管理

活动德育提倡尽可能让学生在真实的问题情境中自主参与和亲身体验，鼓励师生走出校园，在更广阔的自然环境和社会环境里开展丰富多彩的参观访问、社区服务、社会实践、研学旅行等活动。校外活动空间极其广阔，活动的环境复杂而多样，且存在许多不确定、不可控的因素，加之中小学生好奇心强、活泼好动，客观上决定了活动组织及管理难度大，活动过程存在一定的安全隐患。因此，作为活动的组织者、指导者、参与者的教师，应高度重视活动过程的安全管理。

（一）周密制订计划， 做到未雨绸缪

教师在组织各类活动时，应制订详细的活动方案，对活动过程中可能存在的安全隐患一一指明，列出相应的注意事项和应急预案，并严格执行学校和教育行政部门的活动审批或报备制度。教师要仔细查看活动路线、活动场地是否有安全隐患，并进行隐患排除；对活动实施过程要反复推敲，必要时可进行预演；对陌生场地、户外交通、学生餐饮等容易出安全事故的环节要重点把控。一般在举办大型的德育活动前，有关部门都要求活动组织者撰写一份《安全应急预案》，详细规定活动中安全工作的领导者与人员分工、各责任人的安全职责、活动中的安全注意事项以及安全事故应急处理机制等。

（二）加强安全教育， 提升安防能力

学校要注意在平时对学生进行消防安全、交通安全、食品安全等专题安全培训活动，在师生中牢固树立“安全第一”“防患于未然”的安全意识，提高师生的安全防范技能和自救自护能力。在大型德育活动开始前，教师还要组织相关人员开展活动前的专门安全培训，让学生、指导教师等人员了解活动计划，明确活动中的安全问题和应急处理办法。

（三）制定安全公约，明确安全管理职责

教师在开展社会实践、研学旅行等大型外出活动时，可制定《安全公约》《安全责任书》等，让参与活动的教师、学生、家长、社会工作人员和相关机构人员签字确认，全面而详细地告知活动安全注意事项，做好安防知识与技能培训，使活动参与者都能明确各自职责，并就活动中的安全事项达成共识，做到相互配合、相互支持。

（四）鼓励家长参与，共同保驾护航

大型的德育活动往往需要配备更多的指导教师和工作人员，所以学校可适当利用家长资源，鼓励家长以义工的角色协助教师开展活动。家长义工熟悉中小学生的言行特点，活动积极性高，且有利于德育活动效果的后期巩固和深化。但考虑到部分家长安全经验不足等，教师要对参与活动的家长进行有针对性的安全培训，以切实发挥家长的“保驾护航”作用。

（五）购买安全保险，以防万一

教育部颁布的《学生伤害事故处理办法》第三十一条规定：“学校有条件的，应当依据保险法的有关规定，参加学校责任保险。”“提倡学生自愿参加意外伤害保险。在尊重学生意愿的前提下，学校可以为学生参加意外伤害保险创造便利条件，但不得从中收取任何费用。”时间较长且存在一定安全风险的外出德育活动(如社会实践、研学旅行等)，可采取由学校和教师提倡、学生自愿购买意外伤害保险等措施，使得安全事故一旦发生能够得到更妥善的处理。

安全无小事，加强安全管理既是德育活动的“紧箍咒”，也是“护身符”。学校和教师不能因安全问题而放弃开展实践活动这一重要的德育途径，而是要重视建立完善的安全管理制度，落实安全管理责任和管理措施，学习、积累安全管理知识和技能，确保活动德育课程的顺利实施。

第五章

活动德育课程资源的开发与利用

一、 活动德育课程资源的界定

课程资源是指有利于实现课程目标的各种因素。具体讲，活动德育课程资源是指课程设计、实施和评价过程中可利用的一切人力、物力以及自然资源的总和，是指对培养对象的德性养成具有积极影响的一切因素，包括人力、物力、财力，也包括知识、经验、信息等因素。相对于其他学科的教育资源而言，活动德育课程资源具有广泛性和普遍性，因为人类道德的形成是在人类生存与发展的现实世界中完成的，自然和社会生活中的一切事物都有可能潜移默化地影响人的品性的形成。从一定意义上说，自然界和人类社会中的一切事物都有成为德育资源的潜在可能性。

二、 课程资源开发对活动德育课程的意义

课程资源的丰富性和适切程度决定着课程目标实现的范围与水平。活动德育课程作为一种经验性和实践性课程，强调学生在特定情境中的实践和体验，它在空间和时间上有更大的灵活性与开放性，不仅需要充分利用校内资源，更需要整合利用校外资源，让学生走出课堂，走出校园，进入社会和现实生活。因此，活动德育课程的实施需要比学校和书本更为广阔的空间以及自然、社会、生活等方面资源的有效支持，开发和利用各种活动德育课程资源是活动德育课程得以开发和顺利实施的重要前提。树立课程资源的开发与利用意识，提升课程资源开发能力，对活动德育课程的开发与实施具有重要意义。

（一）活动德育课程的内容来源于课程资源

作为一种经验性课程，活动德育课程没有自身的知识体系，其活动内容(主题)的选择不是按照知识的逻辑进行的，而是根据培养目标、学生道德素质发展的需要和学生在学校生活、社会生活以及家庭生活中遇到的各种现实问题进行的。由于学校的培养目标和学生道德素质发展的需要归根到底是以现实生活为基础的，因此，课程资源是活动德育课程内容的基本来源。

（二）活动德育课程的实施有赖于课程资源的支持

作为一种活动课程，作为一种情境教育和体验性学习，活动德育课程的实施是建立在学生活动和经验的基础之上的，它强调学生参与活动，特别是参与社会实践活动，强调行动后的反思，这往往需要学生走出课堂，进入现实生活和社会，走进大自然，依托校内外有关课程资源才能完成学习；同时，教师的有效指导也离不开各种课程资源，包括教师的知识结构、教学技能以及时间、空间等课程资源的支持。

（三）教育技术等资源的不断发展可以促进活动德育课程的提升与完善

活动德育课程强调道德情境的营造，强调道德学习者与环境的互动，对于那些时空跨度较大的主题内容来说，这一点在过去是难以实现的。但是，随着现代数字技术的发展和互动多媒体设备的应用，这方面的目标已经很容易实现，例如，运用 VR(virtual reality，虚拟现实)技术，已经可以还原若干年前的生活情境，使学习者可以身临其境，极大地激发了学习者的学习兴趣，也大大提高了课程的品质和教学的有效性。因此，同样的课程内容，由于课程资源状况的不同，呈现的形式也不同，课程实施的效果也不同。

三、 活动德育课程资源的类型

（一）按照课程资源的范围，可将活动德育课程资源分为校内活动德育课程资源和校外活动德育课程资源

1. 校内活动德育课程资源

校内活动德育课程资源是指存在于校园范围之内的课程资源，一般包括：①校内的各种场所、设施、设备及现代教育技术，如教室、图书馆、阅览室、餐厅、电脑室、大礼堂、体育场(馆)、舞台、校史馆、各种主题教育场馆、心理活动室、学生服务中心、广播站、宣传橱窗、板报、

电影放映机、录像机、照相机、音响、信息技术等；②校内人文资源，如师生关系、干群关系、同学关系、班风、校风、教风、学风以及教师素质、教师的课程开发及实施能力等；③各种教育材料，如教材、教辅资料、图书、报刊、录音带、录像带、光盘、网络等信息载体；④与教育教学密切相关的各种社团组织、活动以及师生生活等，如团委、学生会、义工队、志愿者组织、团队活动、文艺表演、升旗仪式、节日活动或纪念日活动等。

2. 校外活动德育课程资源

校外活动德育课程资源是指存在于学校范围之外的活动德育资源，一般包括：①社会资源，如各类博物馆、艺术馆、纪念馆、图书馆、档案馆等公共文化场馆，主题公园、历史遗迹、名人故居、自然和文化遗产等休闲旅游景点，农村、厂矿、街道、企业、部队等不同的职业场所，监狱、戒毒所等管教机构，社区生活环境、各种建筑、社区公园、社区管理机构、养老院、儿童福利院、有关退休人员等，共青团、妇联、关工委、德育协会、环保组织、社工组织、义工组织、志愿者组织等群众性工作组织、社团组织及其工作人员；②家庭资源，如学生家庭生活环境、家长素质、家庭成员关系、家庭风气等；③校外教育机构，包括青少年宫、青少年活动中心、校外综合实践基地、爱国主义教育基地等公办校外教育机构和民办校外教育机构。

(二)按照课程资源的属性，可将活动德育课程资源分为自然类活动德育课程资源和社会类活动德育课程资源

1. 自然类活动德育课程资源

自然类活动德育课程资源主要是指各种自然生态、物种、天文、气象等自然现象和自然环境。大自然的山川湖泊、动植物、地貌、气候、天气等都属于这类课程资源。

2. 社会类活动德育课程资源

社会类活动德育课程资源是指除自然物质和自然现象以外的社会组

织、物质与文化产品、人力、信息等资源。这类资源包括博物馆、纪念馆、图书馆、展览馆等各种公共文化设施，也包括政府机构、科研院所、学校、部队、厂矿、企业、商业机构和有关社会组织等，还包括各种政治活动、经济活动、文化艺术活动、道德与法制教育活动、纪念活动、慈善活动，以及各类书籍、影视作品、网络信息等。

（三）按照课程资源的呈现方式，可将活动德育课程资源分为人力类活动德育课程资源、实物类活动德育课程资源和网络类活动德育课程资源

人力类活动德育课程资源包括人的知识与技能、人力等存在于人本身的资源。

实物类活动德育课程资源包括各类自然实物和人工创造的实物：自然实物如动植物、矿物质、湖泊、山岳等；人工创造的实物如各种场馆、文化艺术品、教学挂图、模型等。

网络类活动德育课程资源是现代社会特有的活动德育课程资源类型，是指以网络形式存在和传播的图片、视频、文字等。

（四）根据课程资源的显隐程度，可将活动德育课程资源分为显性活动德育课程资源和隐性活动德育课程资源

1. 显性活动德育课程资源

显性活动德育课程资源是指看得见、摸得着，可直接应用于活动德育过程的课程资源，例如校内的图书资料、教室、多功能室和有关教育场馆场所、设施设备等，以及校外的博物馆、纪念馆、社区活动中心、青少年活动中心、德育基地、主题公园、工厂、企业等。

2. 隐性活动德育课程资源

隐性活动德育课程资源包括校风、教风、学风、班风、师生关系、同学关系、师生的生活经验、社会风气、家庭亲子关系等，这类资源具有间接性和潜隐性特点，容易被课程资源开发者忽视，但这类资源对于活动德育课程的实施同样具有重要的影响作用。它们不仅是活动德育课

程主题与内容的主要来源，也影响着活动德育课程实施的过程与效果。

四、 活动德育课程资源开发的原则

活动德育课程资源开发应遵循以下原则。

（一）因地制宜原则

活动德育课程实施强调结合当地、学校以及学生实际，因此，在课程资源开发过程中，学校和教师应坚持因地制宜原则。一方面，在主题内容开发上，学校和教师要结合当地、学校以及学生的实际，开发学生熟悉和感兴趣的课题，提升学生的参与兴趣和课程实施的可能性；另一方面，要基于学校现有的实际条件进行开发，不能一味地贪大求全。学校要基于自身实际条件和可能，分阶段、有步骤地加以建设。此外，学校和教师还要考虑挖掘地方特色资源，开发出能体现地方特色的课程资源。

（二）经济性原则

活动德育是一种情境教育，活动的开展有赖于活动情境的营造，而活动情境的营造往往需要一些硬件资源(主题教育场馆等)的支持，所以适当的硬件资源建设有时是必要的。但是，硬件资源的开发一般需要足够的物力、财力做后盾，这在一些经济欠发达地区的学校往往会受到限制，而即使在经济较发达地区的学校，过度的硬件资源建设也没有必要，因为硬件资源对课程的实施并不一定具有决定性影响，所以学校和教师在进行课程资源开发时应将注意力更多地集中在提高教师自身的专业素养和建立良好的师生关系上，同时尽可能整合利用校内外现成的教育资源或对现有资源进行适当改造，以最节约的方式追求最大化的教育价值，杜绝铺张浪费。

（三）全面性原则

活动德育课程的实施往往涉及人力、物力、财力等各类课程资源的整合利用，而且每一类资源又有多个方面或多个层面的影响因素，例如，对作为人力资源的教师和学生来讲，教师方面的影响因素包括教师的教育理念、课程意识、课程开发能力、知识结构、活动组织和指导能力等，学生方面的影响因素包括学生的知识、经验、学习态度、学习能力等。有些活动德育课程的实施不仅涉及校内各类资源，还涉及校外各类资源，如博物馆、纪念馆、主题公园等场馆场所以及社会有关人士等。因此，学校和教师在活动德育课程资源开发时应注意进行整体思考和全面规划，既要考虑教师的专业素养、业务能力等素材性资源的开发，又要考虑活动的时间、空间、设施、设备等条件性资源的开发；既要关注自然资源，又要关注社会资源；既要注意开发各种显性资源，也要重视开发和利用师生关系、教育理念等各种隐性资源，特别要重视开发和利用校外各种教育资源。

（四）适切性原则

校内资源是有限的，但校外资源是无限的。无论是有限的校内资源，还是无限的校外资源，并非都天然地与学生的生活和学校德育课程相联系。即使是与学生的生活和学校德育主题相关的资源，学校和教师一般也不可能将其全部开发为活动德育课程资源。因此，在将校内资源和校外资源开发为活动德育课程资源的过程中，学校和教师首先需要对广泛的课程资源(物力资源、人力资源、信息资源等)进行筛选，即以活动德育课程理念、体验性学习方式以及活动课教学理论为依据，针对德育活动的主题、内容和实施过程，在可能的课程资源范围内和充分考虑课程成本的前提下重点筛选出那些最适合的资源，并使之优先得到运用。

（五）安全性原则

活动德育课程的实施大多在户外、校外，甚至在距离较远的异地进行，如研学旅行。相对于室内活动、校内活动来讲，户外活动、校外活动的空间范围广，不可控因素多，应急处置条件受限，且管理难度大，客观上存在一定的安全风险，如交通安全、气象安全、饮食安全、场地器材安全等，这就要求学校和教师一定要树立以人为本的思想和强烈的安全意识，在课程资源开发环节坚持安全第一，建立安全保障机制和安全应急处置预案，明确安全保障责任，落实安全保障措施，确保师生人身安全。

（六）主动性原则

如前所述，活动德育课程的实施既涉及校内资源的开发和利用，也涉及校外各种资源的整合利用。新课改尤其强调充分开发和利用社会资源开展实践教育活动，这是培养学生创新精神和实践能力的必然要求。一般来讲，开发和利用校内外资源对于作为资源管理主体的学校和教师来讲相对容易，而对于作为非资源管理主体的学校和教师来讲具有一定的挑战性，其中首要一点就是需要征得相关社会资源管理主体或有关人士的同意和配合，这就要求作为课程开发主体的学校和教师必须克服消极等待心理，积极主动地与社会资源管理主体或有关人士进行友好协商，热情宣讲开展有关学生教育活动的意义与价值，从而争取他们的理解和支持。对于那些可以长期作为学校活动德育课程资源的校外资源，学校应主动与其建立稳固的、相互支持的长期合作关系。

五、 整合利用校外活动德育课程资源的主要途径

之所以将校外活动德育课程资源的整合利用单独列出，是因为大多数中小学校和德育教师对于利用校内资源开展活动已“习以为常”，并积累了一定的活动策划与组织经验，但是，对于丰富而鲜活的校外活动德育课程资源的整合利用尚未引起中小学校和德育教师的普遍重视。事实上，校外德育资源相比校内德育资源，其生活化程度更高，开放性更强，所营造的教育情境更为真实。整合利用校外德育资源，能给学生创设更加丰富多彩的德育情境，能给予学生全新的多感官刺激，激发他们参与活动的兴趣和热情，这有利于他们在身心愉悦的状态下增长知识、陶冶情操、发展能力、培养德行，从而更好地达成德育目标。正因如此，美国课程专家泰勒指出：“要加强开发利用校外资源，帮助学生与学校以外

的环境接触。"《义务教育品德与生活课程标准(2011 年版)》强调"本课程的活动应该与家庭和社区合作""通过走出去、请进来、建立校外活动基地等方式，为儿童开阔视野，更好地向自然学习，向社会学习，向各行各业的劳动者学习创造条件"，从而促成德育课程目标的落实。充分整合利用校外德育资源，也是学校德育现代化的必然趋势。

校外活动德育课程资源种类繁多、形式丰富，整合利用的难度较大，因此，我们需要掌握校外活动德育课程资源整合利用的主要途径。

（一）充分利用各类校外教育基地的德育资源

这里所说的教育基地，主要是指各类未成年人社会实践教育基地、爱国主义教育基地、综合实践活动基地等。青少年教育基地是对青少年进行爱国主义教育、集体主义教育、社会主义教育，帮助青少年树立正确的世界观、人生观、价值观的重要载体。1991 年以来，共青团中央先后命名了四批全国青少年教育基地。除此以外，2001 年第八次基础教育课程改革以来，在教育部的大力推动下，全国许多市、区(县)的教育行政部门、社会组织或民营企业还建立了一大批专门的中小学生综合实践活动基地，包括中小学德育基地、未成年人社会实践基地、中小学生素质教育基地等。上述基地充分发挥自身优势，在青少年思想道德建设中发挥了重要作用。

目前，全国青少年教育基地主要有以下六种类型：

①在中国共产党党史、中国革命史、新中国建设史、共青团历史上具有重要地位的纪念地、纪念场所、纪念设施等；

②体现中华民族精神、在中国近现代史上对民族进步具有重要影响、反映中华民族悠久灿烂历史文化的纪念地和纪念场所；

③体现以改革创新为核心的时代精神、反映改革开放和社会主义现代化建设成就以及在经济社会发展中具有重要作用的重点工程与项目基地；

④具有鲜明时代特点、贴近实际、贴近生活、贴近群众、对促进青少年全面发展具有积极作用的教育场馆和活动场所；

⑤专门培养学生社会责任感、创新精神和实践能力的综合实践活动

基地，如中小学德育基地、未成年人社会实践基地、中小学生素质教育基地等；

⑥教育部联合相关部委在全国范围内利用社会资源建立的质量教育基地、节水教育基地、档案教育基地等。

学校的德育教师要对本地及周边地区的这类资源有充分的了解，尽可能与这些资源单位(基地)建立并保持长期的合作关系，共同开发实施中小学活动德育课程，共同促进基地德育活动的规范化、科学化发展，拓展中小学校的校外德育活动空间。

（二）整合利用社会教育资源

学校周边的博物馆、青少年宫、敬老院、孤儿院、法院、戒毒所以及一些具有代表性的企事业单位等，都是中小学校开展参观访问、社会实践等德育活动的重要场所。博物馆、青少年宫等通常都会组织一些针对中小学生的展览、公益活动等，或设有能为中小学生提供实践活动服务的场馆；敬老院、孤儿院等非常适合中小学校前往开展尊老爱幼等主题德育活动；法院、戒毒所等是对中小学生开展法制教育和预防毒品教育活动的理想场所；其他企事业单位如垃圾处理厂、高新技术企业等也都适合开展相应主题的德育活动。中小学校德育教师在开发这类校外活动德育课程资源时，首先要对一定区域内的社会活动德育资源进行调查摸底，实地考察这些社会场所的场地大小、人员组成等基本情况，找到适宜的德育主题，并与场所工作人员建立良好的合作关系，争取得到场地、人力等方面尽可能多的支持。

社区是学生除学校之外的另一个主要活动空间，社区环境会对学生的品德形成产生很大的影响。社区环境包括社区风气、社区生活秩序和经济状况、社区居民整体素质、社区习俗和道德规范、社区文体设施、人际交往、卫生环境等。社区是社会的缩影，如果社区的人安居乐业，言行文明，业余生活方式健康，人际关系和谐，那么社区环境对学生良好习惯的养成乃至正确的世界观、人生观、价值观的形成都会起到促进作用。很多小区还会有针对性地开展一些活动，如文明家庭、文明居民评比活动，垃圾分类活动，春节、端午节等传统节日期间举办的文体活动等，这些都是社区的活动德育资源。此外，社区还有丰富的德育人力资源，如社区里的义工、社工、老干部、老党员、老职工的阅历与经验、知识与智慧都能对青少年起到感染和教育作用，并能为活动德育提供各种帮助。学校要主动了解社区的德育资源状况，积极与社区建立联系，通过学生参与社区服务、社区服务学生等形式，充分利用社区德育资源开展活动德育。

（三）整合利用家庭教育资源

家庭在子女的思想品德、心理品质的形成和发展过程中有着不可替代的作用。家风，家人的思想方式、生活习惯、行为方式，家庭的物质外观以及家长的爱好、谈吐、兴趣等是重要而特殊的德育因素。学校整合利用家庭活动德育资源，首先要关注学生的家庭生活，从中挖掘诸如“营造和谐的亲子关系”等热点话题，生成活动德育的主题。此外，中小学校要充分激发家长参与学校教育活动的热情，组织家长义工、家长监督员等协助学校开展德育活动，或者利用家长的特长、人际关系和工作便利，为学校活动德育的开展提供有利条件。

（四）开发利用网络德育资源

当今社会，网络与信息技术日益普及，以 QQ、微信、博客等为代表的网络空间对青少年的学习和生活产生了深远影响。德育教师要走在学生前面，以积极的态度驾驭和主导网络对活动德育带来的影响及冲击。首先，教师要充分利用网络丰富校外活动德育的形式，使德育活动不再枯燥单调而变得充实鲜活，让学生耳目一新。例如，教师通过 QQ、微信等进行各类德育活动的组织与宣传，及时了解学生的内心世界，与学生进行各种方式的沟通；通过网络开展各类调查、评选、投票活动等。其次，教师要关注学生的网络生活，引导学生针对网络热点问题开展德育活动。此外，教师还要积极占领网络阵地，主动出击，不断开辟网上德育阵地，搭建网络德育平台，影响网络主旋律，比如，可以在互联网上创办具有德育特色的网站、博客等，开展别具一格的网络德育活动。

第六章

活动德育课程的评价

课程评价是评价者依据一定的课程目标和评价标准，对课程及其实施效果进行价值判断的过程。课程评价是教育评价的核心，是教育过程不可缺少的重要环节，也是教育的关键环节。课程评价具有教育活动信息反馈(教学诊断)、促进学生发展、促进教师发展以及促进课程的改进和完善等多种功能。科学的课程评价不仅能为课程目标的制定、课程内容与教学方法的正确选择提供依据，而且能让教育的效果与价值得到外化，得到教育各相关方的认可。

活动德育课程作为课程，其评价自然以一般的课程评价理论为基础。同时，活动德育课程作为现代德育课程和活动性课程，其设计、实施与评价都应符合现代德育的理念，以现代德育理论为指导，充分体现现代德育课程和活动性课程的基本特点及基本要求。

一、 活动德育课程的评价理念

（一）评价功能的发展性

活动德育课程的评价要突出评价的发展性功能和激励性功能，立足于促进学生的道德学习和道德发展，立足于促进教师的专业成长，立足于促进学校德育管理能力和管理水平的提升，淡化评价的鉴定、甄别和选拔功能。

（二）评价主体的多元化

活动德育课程的评价要改变传统德育评价主体的单一性，实现评价主体的多元化，建立由学生、家长、教师、学校和社区人员等共同参与的评价机制，尤其要充分调动学生主动参与评价的积极性。

（三）评价方法的综合性

第一，终结性评价与过程性评价相结合，突出过程性评价。注重学生在活动过程中主动参与的积极性和体验、感悟的深刻性，关注学生情感、态度、价值观和综合能力的表现与生成。

第二，量化评价和质性评价相结合，突出质性评价。“强调采用描述、观察、分析、解释的方式，注意对个体在学习过程中所表现出来的独特的优缺点进行调查、分析和解释，关注每个个体的心灵展现和真实感受”①，关注学生的学习动机、行为习惯和意志品质等。

第三，相对评价与个体内差异评价相结合，突出个体内差异评价。相对评价是通过个体的成绩与同一团体的平均成绩的比较，从而确定个体的成绩的适当等级的方法，也被称作“常模参照评价”，是过去常用的评价方法。这种评价缺乏对于个人努力状况和进步程度的适当评价，不利于肯定学生个体取得的成绩。个体内差异评价是让学生“自己跟自己比”，即通过对学生个体的不同方面进行横向比较，发现个体身上的闪光点，或对个体某一方面不同时期的表现进行纵向比较，判断其是否有进步。

第四，绝对评价与差异性评价相结合，突出差异性评价。绝对评价是对学生是否达到目标或达标的程度所做出的评价，也被称为“标准参照评价”。这种评价过于重视统一性，忽视了学生之间的差异性和层次性。差异性评价是指对不同的学生采用不同的评价标准，以促进所有学生都在“最近发展区”内获得充分的发展。上述个体内差异评价和差异性评价的评价标准都是学生个体的自我参照标准，即以学生既有的发展基础为参照，使评价为教师全面了解学生提供比较准确和动态的依据，也使学生更清晰地看到自己的优势或通过努力所取得的进步，从而有利于建立他们的自信心，激发他们参与道德学习的积极性。

二、 活动德育课程的评价标准

活动德育课程的评价包括对活动德育课程本身的评价、对学生的评价和对教师的评价，这里重点讨论对学生的评价和对教师的评价。

在活动德育课程中实施表现性评价时，教师多用评价量表。例如，在一个活动任务完成后，教师给学生使用自评量表、互评量表；在一个学习阶段或一个学期中配合档案袋评价使用自评量表等。量表使用起来

① 张华：《综合实践活动课程研究》，239 页，上海，上海科技教育出版社，2009。

比较方便，而且量表中的标准与指标明确，能够让学生很容易地利用量表进行相对准确、客观的评价。

然而在实际应用中，量表的设计有一定难度，致使很多教师在教学过程中不断尝试，也不断产生困惑：利用什么样的评价指标能更好地凸显活动德育课程的特点？不同类型的活动该用什么样的评价指标？利用评价量表怎样突出学生活动中的过程性评价？等等。这些问题的核心就是评价标准的制定。

评价标准在一定程度上引领着评价的目的、内容、方法等。活动德育课程评价的理念和原则给予了评价标准的价值基础，即促进学生在道德方面的自主发展。无论是制定评价标准还是具体实施活动评价，都不能脱离活动德育课程的价值基础。评价标准可以分为质和量两个维度，其中质的维度主要表达评价的内容，通常被称为准则或评价指标。评价指标是对评价标准的具体化。评价指标体系一般是由评价指标和权重两个方面组成的。量的维度主要表达学生所达到的具体期望的程度，又称表现标准。在制定标准时，教师要根据培养目标抓住关键因素，有针对性，有所侧重，不要将精力引向细枝末节。①

（一）活动德育课程的评价指标

1. 对学生进行评价的主要指标

活动德育课程评价中最重要的是对学生的评价。对学生的评价就是对学生在活动德育开展过程中的表现、进展和变化进行观察、描述、分析、解释的过程。它关注的重点不是学生习得的知识，而是学生参与度和各种能力的提升；不是要对学生的活动结果做出肯定或否定的评价，而是要揭示学生在活动过程中的体验，以及他们在解决问题过程中表现出的情感、态度、价值观状况。②

---

① 杨培禾：《小学综合实践活动课程与教学论》，292～293 页，北京，人民教育出版社，2015。

② 朱恬恬：《基于多元智能理论的综合实践活动课程评价研究》，载《当代教育论坛（教学研究）》，2011(9)。

对学生进行评价的指标主要有①：

(1)学生的参与度

学生参与活动的主动性、积极性和创造性的状况，可以通过学生在活动过程中的许多外显行为表现出来，例如，学生对活动是否有兴趣，对新事物是否有好奇心，是否认真参加每一次活动，在活动中是否努力完成所承担的任务，是否做好资料积累和分析工作，是否主动提出活动设想、建议，以及是否不怕困难和辛苦等。

(2)学生的合作意识和合作能力

这一点主要对学生在参与活动过程中的作用、态度和行为表现进行评价，例如，学生是否乐于帮助同学，是否主动和同学配合，是否认真倾听同学的意见，是否善于与同学合作完成任务，是否对班级和小组的学习做出积极的贡献等。

(3)学生的探究精神

这一点考查学生在活动中是否刻苦努力、勇于尝试、不怕挫折、独立思考，是否具有质疑精神，是否敢于批评和自我批评等。

(4)学生的情感、态度、价值观等的发展状况

评价指标要关注活动中学生情感、态度、价值观的生成，关注个别差异，如政治思想、法制观念、环保意识、社会责任感、服务意识、安全意识、效率意识的增强以及谦虚、诚实、守信、无私奉献等良好思想品德和心理素养的提升。

(5)学生的创新精神和实践能力

这一点考查学生在从发现问题、提出问题、分析问题到解决问题的全过程中所显示出的探究精神和实际操作能力。

2. 对教师进行评价的主要指标

对教师的评价主要是对教师的活动设计、活动执行和活动效能等进行观察、分析和判定，其目的是给教师提供信息反馈，帮助教师总结、

---

① 钱贵晴：《综合实践活动课程与教学论》，326～327页，北京，首都师范大学出版社，2004。

反思教学的优劣，分析问题产生的根源，从而改进教学。

对教师进行评价的指标主要有①：

(1)教师的课程开发、设计、整合能力

活动德育课程的内容不固定，没有统一的教学模式，这导致活动课教师没有现成的教学大纲、教科书可依赖，而且活动德育课程本身的领域比较广泛，各领域的内容又需要整合，所以教师的课程开发、设计、整合能力就显得尤其重要。这一能力主要包括选择活动主题的能力、制定教学目标的能力、设计方案的能力、预测教学情境变化的能力等。

(2)教师在活动中的组织指导能力

在德育活动中，学生是整个活动的主体，他们自主探究问题、解决问题；教师的作用不是“教”，而是“引导”。因而教师要能够敏感地发现活动过程中的问题和需要指导的内容，并在适当的时候以适当的方式进行指导，使主题活动得以顺利进行。

(3)教师在活动中的教学评价能力

活动德育课程强调学生主动参与学习过程，重视培养学生的实践能力、道德反思能力和社会生活适应能力，注重学生在活动过程中获得的认识和经验。这表明，活动德育课程追求的教育价值是多方面的。教师要改变已往的评价方式，树立新的评价观念，提高综合评价学生的能力，既要全方位地评价学生，也要全过程地评价学生。

(4)教师在实施教学中的反思能力

活动德育课程是一种校本课程，“教什么”基本上是由教师根据德育目标、学生兴趣和活动资源情况来设计的。课程的内容是否可行，实施过程的环节是否合适，评价是否全面，学生的能力是否获得发展等，都需要教师进行不断反思，及时调整和改进。因此，活动德育课程对教师的反思意识和能力要求更高。

在活动德育课程的实施过程中，主张由评教师的教转到评学生的学，由评学生的知识掌握度转到评学生的全面发展等，在课堂评价上试着用

---

① 杨静：《论综合实践活动课程中的教师评价》，载《当代教育论坛(校长教育研究)》，2008(5)。

“创设了哪些活动方式、课堂教学时间的分布与掌握、学生的学习状况、活动材料的运用、学生喜欢该课的程度、教师的教学思想、教育教学观念是否转变”等指标来引导教师的课堂教学行为。

（二）活动德育课程评价量表

在设计活动德育课程评价量表时，教师要注意评价指标与活动目标的一致性，将活动目标具体化为评价指标。评价指标的表述要简洁、明了，适合评价对象的年龄特点，且是可以直接观察和描述的。

需要特别说明的是，活动德育课程是一种情境教育或体验性学习，具有情境性、开放性和生成性等特点，内容十分丰富，活动的途径和形式多种多样，不同的活动情境中的课程目标也往往有不同的侧重点，所以具体到每一次活动来说，其评价指标也应根据活动目标做相应的调整。这里暂且根据现代德育课程目标和活动课程的特点与要求，给出一般性活动德育课程评价量表以供参考。

1. 活动德育课程学生评价量表

根据多元评价原则，对学生的评价采用综合评价方式进行，包括学生自评、小组互评、教师评价和家长评价等。各评价主体的评价权重可根据不同的活动目的和活动内容确定。

活动主题：________________

学生姓名：__________　班级：__________　日期：__________

评价项目	评价内容	评价等级				得分
		A	B	C	D	
活动状态	1. 注意听教师讲解，明确活动任务、活动目标、活动规则和要求等	10	8	5	2	
	2. 积极参与活动，主动承担任务，关心小组和班级活动目标的实现	10	8	5	2	
	3. 在活动中尊重他人，服从安排，真诚交往	10	8	5	2	
	4. 注意与同伴合作解决问题，乐于助人	10	8	5	2	
	5. 勤于思考，大胆发言，有个人见解	10	8	5	2	

续表

评价项目	评价内容	评价等级				得分
		A	B	C	D	
活动效果	6. 能按要求总结自己的活动体验	10	8	5	2	
	7. 乐于与他人分享自己的活动成果或感受	10	8	5	2	
	8. 参加活动后获得了某方面的进步(知识、技能、自觉性、自信心、同情心等方面)	10	8	5	2	
	9. 参加活动后更加喜欢班级和学校，与教师、同学、父母等相处更融洽	10	8	5	2	
	10. 能反思自己在活动中存在的不足	10	8	5	2	

此表可用于学生自评、小组互评和教师评价。

2. 活动德育课程教师评价量表

活动德育课程对教师的评价包括教师自评、教师互评和学生对教师的评价，也可以适时组织家长对教师进行评价。教师自评、教师互评量表如下：

活动主题：________________________

教师姓名：__________ 班级：__________ 日期：__________

评价项目		评价内容	评价等级				得分	说明
			A	B	C	D		
活动设计	活动目标	1. 符合德育目标和学生实际	5	4	3	1		
		2. 知识与技能、过程与方法、情感态度与价值观三维目标全面、准确、可行	5	4	3	1		
	过程设计	3. 活动的准备、导入、行动、分享、总结与评价等环节完整，程序合理	5	4	3	1		
		4. 注意各种活动资源的整合利用和活动情境的营造，资源整合利用恰当	5	4	3	1		

续表

评价项目	评价内容	评价等级				得分	说明
		A	B	C	D		
活动执行	5. 活动准备充分	5	4	3	1		
	6. 活动导入自然，任务明确，注意强调规则	5	4	3	1		
	7. 组织有序，民主开放，师生互动，生生互动	5	4	3	1		
	8. 体现教育性、综合性、实践性、趣味性	5	4	3	1		
	9. 能正确引导学生在活动中生成的问题，启发学生思维，指导学生科学思考	5	4	3	1		
	10. 有效利用各种活动资源，操作规范、熟练	5	4	3	1		
	11. 评价方式多样，评价客观、全面，善用发展性评价，注意激发学生的活动兴趣	5	4	3	1		
	12. 注意活动的安全管理，无安全事故发生	10	8	5	2		
	13. 活动方案和活动记录等资料全面	5	4	3	1		
活动效果	14. 学生全员参与，主动交往，积极热情	10	8	5	2		
	15. 学生情感体验充分，不同程度的学生都有所感悟，探究精神、合作精神增强	10	8	5	2		
	16. 分享环节学生思维活跃，大胆发言，善于围绕活动主题发表个人见解	10	8	5	2		
总分							

评价人签名： 评价时间： 年 月 日

学生对教师的评价量表如下：

评价内容	评价等级				得分	说明
	A	B	C	D		
1. 活动开始前老师做好了活动的各项准备工作（活动的场地、设备、资料等）	20	15	10	5		
2. 活动开始前老师给我们讲清楚了活动的任务、目标以及活动的规则和要求等	20	15	10	5		
3. 活动过程中老师一直在旁边观察我们每一个人的表现；当我们有需要时老师会热心地提示、指导、帮助我们，启发我们思考，教给我们探究的方法，鼓励并信任我们	20	15	10	5		
4. 老师设计的活动主题与我们的生活联系密切；我们对活动的内容和形式很有兴趣；绝大多数同学都能主动参与活动，并积极思考问题	20	15	10	5		
5. 老师在活动分享环节注意鼓励我们大胆发言；对我们的评价客观、公正，有激励作用	20	15	10	5		
总分						
我想对老师说						

三、 活动德育课程的评价方法

德育评价可分为定量评价和定性评价两种类型。

定量评价是指运用标准化的工具(评价量表)收集和处理数据资料，从而对评价对象的表现给出定量结果的价值判断的过程，它具有客观化、标准化、精确化等优点。定量评价的不足在于它只能反映具有可测性的品质与行为，对学生的情感、态度、价值观的变化等内容往往难以测评。

定性评价是评价者根据评价对象平时的表现和状态或对相关资料的观察和分析，直接对评价对象做出定性的价值判断的过程。定性评价主要关注学生在“质”的方面的发展，强调对个体的独特性做出“质”的分析与解释，是具有实质内容的一种评价方法。它的不足在于有时评价结果笼统模糊，难以精确把握。

活动德育课程的评价强调发展性，旨在通过评价促进学生、教师和学校共同成长，注意评价的整体性和综合性。活动德育课程的评价既有定量评价，又有定性评价，需要评价者根据活动主题、活动目标、活动对象、活动形式等加以选择。总体来讲，活动德育课程评价更强调定性评价。

（一）定量评价方法

1. 观察法

观察法是指评价者在自然情景中有目的、有计划地对观察对象进行直接观察、记录，以获得相关评价信息的一种方法。观察法的优点在于评价者能在活动现场真实、便捷地记录评价对象的各种表现，并根据这些表现信息进行分析和价值判断。常见的观察法有量表法、核对清单法、记叙性描述法。其中，量表法用得较多，既可用于评价学生的发展过程、成长效果，也可以针对教师教学和学校发展进行评价。教师可以设计方便自己使用的观察记录单，及时记录相关活动情况，作为评价的重要依据。评价量表在“活动德育课程的评价标准”中已有示例。

采用观察法获取评价信息，一般主要利用眼睛、耳朵等感觉器官去感知观察对象，用手记录观察信息。由于人的感觉器官具有一定的局限性，用手记录也具有滞后性，因此，评价者往往要借助各种现代化的仪器及手段捕捉和记录信息，如利用手机、照相机、录音机、摄像机等设备来辅助观察、记录。

运用观察法进行评价的步骤：

第一步：明确观察目的。

第二步：设置观察指标。

第三步：实施现场观察。

第四步：分析数据，综合评定。

2. 问卷调查法

问卷调查法也称问卷法，它是调查者运用统一设计的调查问卷向选取的调查对象了解情况或征询意见的调查方法。问卷调查法的优点在于它的客观性和高效性。由于许多问卷调查以匿名的方式开展，因此，它可以获得调查对象比较真实的想法；同时，问卷调查法可以获取大量的数据资料，可以通过统计分析的方法进行量化处理，使结果更为客观、真实和科学。

问卷调查法的步骤：

第一步：设计调查问卷。

第二步：选择调查对象。

第三步：分发问卷。

第四步：回收问卷。

第五步：统计分析和研究数据。

在活动德育课程的评价中，教师可以运用问卷调查法了解学生对主题活动的感受及意见、建议，如学生对活动是否感兴趣，主题活动对学生发展有哪些影响，学生在活动过程中遇到了哪些挫折以及有何种感受等。

（二）定性评价方法

1. 档案袋评价

所谓档案袋评价，是指评价者在活动过程中为达到评价目的而收集相关资料或材料(这些资料可以展示活动的进展过程和学生在活动中的具体表现等)，然后根据这些资料或材料对学生的学习进行价值判断的过程。档案袋评价具有明确的目的性、师生的主动参与性、评价内容的全面性和评价过程的开放性等特点。

档案袋评价的步骤：

第一步：明确评价目的。

第二步：明确档案收集的标准和规范，包括格式和类型等。

第三步：收集、整理各种活动资料或材料。学生成长档案袋收集的资料或材料主要有活动记录、调查表、访谈记录、操作记录、学习单、学习心得体会、社会调查报告、学生制作或创作的作品、活动照片、音像资料等。

第四步：价值判断，即对收集的档案资料进行分析，对学生的道德学习和道德发展状况进行定性描述。

档案袋评价也有一定的局限性，如评价的标准较难统一，评价的主观性较强，评价结果的客观性、公正性受到一定的限制。实际评价时它可与其他评价方法结合使用。

2. 苏格拉底研讨式评价

苏格拉底研讨式评价是美国教育学家莫蒂默·阿德勒(Mortimer J. Adler)在1982年提出的一种质性评价方法。它源于“苏格拉底反诘辩论法”，即以某个道德理念、固有观念、政治思想、宗教信仰等为起点，用提出开放性问题的方式，在学生回答后，继续不断地针对回答提出新的问题，如此推进，让学生在发现自己的论点论据存在漏洞或前后矛盾的情况后，补充、挑战和推翻自己的观念，进而对问题有更深刻的思考和理解，而教师不直接给出标准答案。阿德勒的苏格拉底研讨式评价，就是把“班级参与”和“课堂讨论”中的表现作为学生学业成绩评定的一个组成部分，以引导学生更深入、更有效地思考，并为自己的见解提供证据。“课堂讨论”的评分以教师对学生的观察和主观印象为基础，它所关注的是：如何引导学生参与讨论，如何来评定学生参与讨论的质量，如何促进学生之间更多、更好地互动，以及怎样做才能使讨论成为对其进行可靠评定的依据等。

苏格拉底研讨式评价的步骤：

第一步：明确教育结果。

第二步：选定研讨采用的文本。

第三步：提出一个开放式的具有探索性的问题。

第四步：选择记录研讨过程的方式或设计简明的记录表，通过对一系列研讨记录的分析、对比，对学生的学习结果做出评判。

活动德育课程强调行动后的总结与反思，重视对活动中生成的道德问题的个人思考和开放式的具有探索性的讨论；讨论或辩论，可以升华学生的道德情感，提升学生的道德认知。因此，活动最后的分享、讨论环节是活动德育课程必不可少的重要环节；同时，分享、讨论环节也是检测活动体验对学生道德发展影响效果的重要契机。这个环节的设计和对学生表现的评价可以采用苏格拉底研讨式评价。

（三）评价结果的表述与使用

评价的根本目的在于激励。评价小组运用学生能够接受和愿意接受的方式和语言将分析结果表达出来，让学生明确发展要点，帮助学生提出活动的改进意见。同时，师生需要谨慎对待评价结果，如果对评价结果描述使用不当，不仅不能提高学生和教师的活动积极性，反而会挫伤学生的积极性，这样就违背了评价的终极目的。因此，以下几点需要特别注意：

①评价结果的表述要实事求是，无论优劣都不能夸大其词。

②描述语言要通俗易懂，可接受性强。

③尽量从评价对象个体的发展角度，肯定成绩，查找问题的原因。

④与他人比较时需要考虑评价对象的心理特点。

⑤评价结果是否公开，最好征求评价对象的意见。

附　录

活动德育案例

一、 课题“中小学活动德育模式的探索与实践”结题报告

（一）课题背景

1. 学校德育工作面临新的严峻挑战

20 世纪 90 年代以来，我国社会处于深度转型期，市场经济对传统道德价值观造成冲击，部分青少年的思想、行为呈现出“传统美德日趋淡薄，责任意识逐步减弱，厌学情绪有增无减，心理成熟出现滞后，双重人格凸显”等趋势；另外，随着我国对外文化的广泛交流，特别是随着网络的迅速普及，大众信息传播更加快捷，多元文化并存和多种价值观冲突的状况使青少年在道德选择与道德发展方面所面临的环境更加复杂，也因此对他们的道德判断和道德选择能力提出了更高的要求。

2. 传统德育的弊端和认知主义德育的局限使学校德育工作不能适应青少年主体性发展的需要

传统德育是以“听话”为标准、以“服从”为目的的“驯服”式道德教育，其突出特点是：①德育目标注重社会性，忽视个人的主体性，即忽视德育在促进个人发展和自我完善方面的重要作用，没有把道德素质作为个人生存的基础，造成目标过高而不切合学生思想品德发展实际，缺乏时代性、层次性和生动性；②德育内容偏重政治教育范畴，忽略学生生活中基础的道德知识、道德能力和道德智慧的培养；③德育方式主要是“我说你听”的单向灌输式教育，它认定要传授给学生的那些既定的道德价值是天然合理的，当学生的品德言行不符合既定的品德标准时，教育者不是用新的生活实践重新检讨既定的标准，而是用既定的标准否定学生新品德的发展。这种强迫式德育已不适应当今青少年主体意识觉醒的要求。

当代认知主义德育克服了传统德育忽视道德主体精神的弊端，肯定知识和认知能力在个体道德发展中的作用，把提高道德认知能力作为道德教育的首要任务，把学生的思维和探究引入道德发展和道德教育领域，但它

却忽视了道德教育的实践性本质，缺少学生行为的参与、情感的体验、观念的碰撞和意志的磨砺，缺少了学生积极鲜活的生命活动。由于它主要关注的是道德知识，且德育的主渠道是课堂，因此，德育评价主要落实在“知道与不知道”的标准上，而不要解决“做与不做”的问题。这种脱离生活、脱离实际、脱离学生发展状况、缺少情感体验和实践锻炼的道德教育，自然难以触及学生的心灵世界，往往导致道德主体的知行分离。现今一些青少年“知道纪律却不守纪，明白道理却不讲理，享受真情却不动情”的行为表现正是这种缺少行为践履的道德教育留下的“后遗症”。

3. 新课改背景下道德教育对活动的呼唤

研究表明，活动在道德发展和道德教育方面具有决定性意义：活动是个体道德形成的根源和发展的动力，是个体自我教育的真正基础。只有通过活动体验，个体才能正确地理解人与社会、人与自然、人与自己的关系，才能产生德行，最终养成德性。将活动引入道德教育，既突出了教育对象的主体性，又符合道德教育的实践性特点。基于这一认识，新课改确定的德育理念是“回到基础，回到生活，回到实践”，它要求学校充分开发与利用道德教育资源，为学生创造和谐、融洽、健康向上的生活空间，引领学生在多样化的实践活动中探究、体验、发现、建构，培养学生的健全人格，提升学生的生命质量。

4. 中共中央“8 号文件”强调加强德育实践环节

中共中央“8 号文件”明确指出：未成年人思想道德建设要“坚持贴近实际、贴近生活、贴近未成年人的原则”；要“坚持知与行相统一的原则。既要重视课堂教育，更要注重实践教育、体验教育、养成教育，注重自觉实践、自主参与，引导未成年人在学习道德知识的同时，自觉遵循道德规范”；要“按照实践育人的要求，以体验教育为基本途径，区分不同层次未成年人的特点，精心设计和组织开展内容鲜活、形式新颖、吸引力强的道德实践活动……使未成年人在自觉参与中思想感情得到熏陶，精神生活得到充实，道德境界得到升华”。

5. 我校构建活动德育模式的现实意义

第一，我校初中部学生均是从有关中学转学而来的心理或行为偏常

(曾有过严重不良行为或不良行为)、学习困难、不宜在原校继续就读的“问题学生”，这些学生无论学业成绩还是品行表现，都长期处于外界的消极评价中，他们早已对“驯服”式的道德矫正或“说教”式的道德规劝产生了厌烦甚至抗拒情绪；第二，我校职高部学生一部分为我校初中毕业生，另一部分为入学成绩在全市统招录取分数线附近甚至远低于录取分数线的学生，可以说这些学生都是应试教育的“失败者”，相对听觉的、视觉的和书面的学习方式，他们更倾向肢体的或群体互动的学习方式；第三，我校作为深圳市中小学德育基地的功能定位决定了我校必然将活动作为德育的主要载体。因此，我校构建活动德育模式的探索与实践，符合我校学生的学习倾向性特点和学校教育的功能定位。

（二）国内外同一领域的研究成果现状

第一，当代国外德育理论倾向于将学校德育的重点从传递特定的价值观念和道德标准转移到发展个体的道德思维和探究能力上。美国耶鲁大学哈兹霍恩等有关“诚实和欺骗问题”的实验研究得出的结论是：①儿童的品德发展是由道德经验情境决定的；②学校德育对品德发展没有影响。这一结论的实质不是要取消学校德育，而是证明那种一味在课堂上讲解道德知识、背记道德信条的品德教育是不会成功的。20 世纪后半叶，价值多元化、价值相对论提出了一系列耐人寻味的主张：其一，道德就其本质来说是个体问题，道德发展是个体理智地思考和选择的一部分，真正的道德成长发生在个体内部；其二，作为培养学生智慧、塑造学生品格的学校，其任务不是通过某种特定的策略强迫学生服从于一个外在的目的，也不是具体规范的传授，而是道德推理能力和推理技巧的培养与训练。例如，麦克菲尔主张“多关心少评价”，约翰 · 威尔逊主张借助“道德构件”来培养个体能够自行应付和摆脱道德困境的能力，而价值澄清学派则认为，“如何获得观念”比“获得怎样的观念”更为重要。

第二，在教育方式上，包括中国在内的东方国家侧重内容，强调对学生直接进行道德价值观的灌输与强化；而美、英、法、德等西方国家则侧重过程，注重从道德品质的形成过程出发对学生进行适当的疏导，

培养学生的道德思考力，强调学生在道德实践过程中的自我教育。融合东西方教育模式，借鉴学习西方德育方法，是我国目前道德教育研究的总体趋势。

第三，“活动道德教育模式”是全国教育科学“九五”规划国家教委重点课题“面向21世纪中国现代道德教育的理论建构与实践模式探讨”实验研究的核心内容。戚万学通过长期研究提出了“活动道德教育模式的理论构想”，从理论上论证了该模式的合理性，“确立了活动在教育、道德教育学科中应有的地位，尤其是围绕活动建立一种完整的教育或道德教育理论”，这些理论还有待在学校具体的教育实践中加以验证和发展。

（三）研究目标与价值

①通过课题研究，促进学校德育环境和行为的改善：变传统“驯服”式和“说教”式德育为“活动—体验—感悟”式的活动德育，努力实现知、信、行的统一，也就是要加强学校德育工作的科学性、针对性，提高实效性。

②通过课题研究，拓展并整合学校德育资源(特别是促进中小学德育基地活动设施建设)，开发活动德育系列课程，编写校本德育教材，形成学校德育工作整体方案和分项实施策略，最终构建起较为成熟的活动德育模式。

③以课题研究为契机，通过开展科研培训及工作交流，加强对现代德育理论特别是活动德育理论的学习，提高教师队伍的德育理论素养、德育科研能力和德育工作水平，促进教师专业化发展。

④形成与活动德育相适应的学生德育评价体系。

⑤验证、丰富活动德育理论。

（四）研究方法

本课题着眼于学校德育工作环境与行为的改善，旨在解决德育工作的实效性问题，属于应用研究，因而在总体上应采用行动研究法。有关子课题的研究，针对问题的不同特点，可采用相应的更为适合的研究方法。

①行动研究法——通过行动和反思不断改进德育工作的方式、方法。

②调查研究法——了解师生对学校德育工作的意见与建议。

③文献研究法——进行活动德育理论研究。

④质的研究法——以访谈和教育叙事的方式总结教师实施活动德育的经验。

⑤个案研究法——探索特殊个体问题形成的原因和教育策略。

（五）活动德育的理论框架

1. 活动德育的内涵

所谓活动德育，就是在活动中通过活动且为了活动的道德教育。活动(个体自主活动)既是德育的目的，也是德育的手段。作为目的，活动意谓实践道德生活或使学生形成一种道德的生活方式，应当成为学校道德教育的最高境界；作为手段，活动指教育者应当把活动作为个体道德发生、发展以及道德的个体意义实现的源泉。活动德育是在反省传统德育的弊端并突破了认知主义德育局限的基础上，为突出德育的主体性和实践性而提出的一种德育模式。

活动德育的活动，是指具有道德教育意义或功能的个人外部活动，即影响个人的道德意识、道德行为及调节人际关系的外部活动。具体来说，它就是由学校教育团体或个人策划组织的、由学生自主参与的、以学生兴趣和道德发展需要为基础的、以促进个体道德发展和社会和谐为目的的现实的社会交往活动。它包含四层意思：其一，指主体的自主活动，体现了活动的能动性特征；其二，指个体现实的、感性的活动，而不是内部思维活动；其三，指社会互动和社会交往活动，体现了活动的社会性特征；其四，指以促进个体道德发展和社会和谐为目的的活动，而非所有活动。

2. 活动德育的特点

(1)情境性

活动德育注重情感体验，而情感的激发又与一定的情境有关，所以创设促进学生道德发展的情境和关系氛围，是开展好活动德育的基础。

(2)实践性

实践是道德体验的场域和主体性生成的基础，同时也是道德体验深化发展的动力。道德体验不仅在实践中产生，而且在实践中发展，实践建构着主体的精神世界。体验的直接目标是通过亲身参加实践活动，“确定生活中有意义、有价值的东西”，然后带着社会和人生体验“决定(新的)实践活动的方向，并提出为之奋斗的目标”。

(3)参与性

参与性强调每个学生都能亲身参与、经历、体验活动的全过程，强调师生互动、生生互动。

(4)差异性

学生在活动中自主的表现、感受和价值取向带有明显的个别化特征：每个学生的心理基础和生活经历不同，所获得的感受也各不相同，这体现了教育活动对学生的差异性和个性的尊重。

(5)反思性

活动德育中的活动是根据教育目的精心选择或设计的，其中蕴含着一定的人生哲理或道德规范。参与活动的学生对自己在活动中的表现进行反思，对活动中的道理进行辨析、梳理，进而获得感悟，形成自律性的道德价值观，直至形成人生的经验。

(6)开放性与生成性

活动德育的过程及评价都是开放的。在活动过程中，教师作为组织者和指导者，鼓励、引导学生在自然、自在的状态下亲身体验、用心感悟，允许学生在活动中有不同的表现；而活动评价一般也没有标准答案，允许学生有不同的感悟和不同的表达，鼓励学生创新道德生活。

3. 活动德育的师生观

教师是学生德育活动的组织者、参与者和指导者，而不是只对学生发号施令的道德权威，更不是无动于衷的旁观者；学生是主动选择和吸收教育影响的主动参与者与教育过程的积极主体，而不是被灌输和改造的对象。师生之间的关系不是简单的给予与接受的关系，而是一种平等交往和对话的关系。

4. 活动德育的理论依据

(1)辩证唯物主义的认识论

人类总是在改造环境的实践过程中改造主体自身。实践是认识的源泉，是检验认识正确与否的唯一标准。人的道德观念来源于社会实践，并随着社会实践的发展而不断发展。

(2)生活教育的相关理论

教育与生活(实践)密切相关，学校教育既要关心学生的未来生活，也要关心学生的现实生活；要尊重学生的主体地位和个性，依据学生身心发展的规律进行教育；既要适应社会发展对人的需要，也要满足个体自身发展的需要，促进学生自我人格的不断完善；强调教、学、做合一，指出了实践的重要意义。美国进步主义教育家杜威认为使儿童认识社会的唯一方法便是引导他去参与社会实践，即教育要基于行动，基于丰富多彩的活动、行动、生活和体验，而非基于单纯的认知、理性、知识和记忆。我国教育家陶行知主张："社会即学校，生活即教育"；"行动是老子，思想是儿子，创造是孙子"。他们都充分肯定了实践活动在道德发展中的重要作用。

(3)现代德育理论

现代德育是"主体—发展性德育"，是教育者、受教育者能动地、自主地建构思想道德的对象性活动；是在教育者的组织下，教育者、受教育者共同参与的活动；是教育者的启发、引导、指导与受教育者的认知、体验、践行的互动；是教育者的价值引导与受教育者的自主建构相统一的活动；是教育者、受教育者的互相教育与自我教育、教学相长、品德共进的过程。

(4)建构主义的相关理论

人是以自己的经验为基础来建构现实的。道德的形成同样如此，道德不是靠教的，它是学生在与周围环境的相互作用中，在自己的道德生活实践中自我建构的。学生既是有着自己道德结构的主体，也是受社会道德影响的客体。他们身处各种社会现象和社会关系的网络之中，在认识、评判道德现象的同时，协调着自身与外部世界的道德关系，并时刻建构着自己的道德结构。

(5)道德心理发展的相关理论

人的品德是在一定的心理背景下和活动过程中形成、发展的，德育离不开心理学所揭示的心理活动的形式及其规律的指导。中小学生在道德生活中的主体地位尚处于不成熟、不稳定的状态，尚处于由他律向自律、由模仿向创造、由顺从向选择、由潜在的主体向现实的主体、由自发主体向自为主体的矛盾转化的过程中。教师应充分认识学生的这些特点，在德育过程中，充分顺应学生的身心特点和道德心理发展水平。

5. 活动德育的实施原则

(1)实践性原则

实践是道德形成的基础，道德的实践本质决定了道德教育的实践性特点。在策划和组织德育活动时，教师应力求把学生引向社会，引入生活，让学生走进大自然，在现实的道德情境中体验、探究。

(2)主体性原则

教师要把学生当作教育过程的主体，当作选择、决策、行动的主体和责任者，引导学生自我教育；要与学生建立民主、平等、和谐、合作的教育关系；要与学生一道参与活动，相互教育，相互激励，共同进步。

(3)开放性原则

首先，教师要将既定的道德规范本身视为一种开放的系统，以辩证的、历史的眼光来看待其合理性，并敢于对其质疑和修正；其次，要鼓励学生在活动中通过亲身体验，对既定的道德取向与道德规范予以鲜活的说明、具体的充实或必要的改造；再次，要让学生通过体验、感悟及自主判断，最终确认其认为正确的或合理的结论；最后，主张在德育实践中引发学生对多种道德取向和道德规范进行分析、比较和鉴别，培养学生的道德判断与选择能力。

(4)建构性原则

活动方式要符合学生的学习需求；要注意营造和谐、宽松、自由、安全的教育环境，及时了解学生在活动中的自我感受和体验，适时发挥教师在活动中的指导作用；要注意循序渐进。

(5)反思性原则

教师要促进学生在活动中感悟生命的自我成长，引领学生在德育实践中认同、接受社会性规则，尊重学生的道德思考与批判精神；学校及德育活动的策划、组织者应对活动过程的各环节和活动的效果进行反思，不断探索新的、更完善的德育策略。

6. 活动德育的基本程序

(1)制订方案，创设情境

教师应根据学生情况和教育目标，对活动的全过程进行精心选择和设计；利用已有的情境，或创设一种与道德教育要求相一致的自然真实的活动情境。

(2)参与行动，体验感悟

教师应鼓励每一个学生都置身于活动中，通过亲身参与、全身心投入和用心感知，生成道德价值观。感悟是活动德育的精髓。

(3)积极反思，生发观念

教师应引导学生对活动的过程以及自己在活动中的表现进行反思，在自我反思的基础上顿悟出终身受用的道德价值观。

(4)正面评价，自主发展

教师应对学生的宽容、勇敢、坚强等个性品质进行正面评价；注意活动过程的形成性评价；重视学生的自我评价，促进学生自主发展。

（六）研究过程

严格讲，我校进行活动德育的探索与实践始于 1994 年下半年，即我校创办深圳市中小学德育基地之时。1994—2006 年，中小学德育基地的教育资源、活动内容和教育功能不断得到拓展与提升。特别是 2002 年年底余建南校长到任以后，我校制定了“第三个五年发展规划”，提出了拓展、提升活动德育的总体思路和工作方案。2003—2006 年，德育基地由最初的军训与国防教育、法制教育和劳动教育三大模块发展为五大模块，即将劳动教育拓展为劳技教育，新开辟了生存教育和环境教育两大模块，活动规模由原来的每期 600 人，扩大到每期 1500 人。但是，在这期间，我们对活动德育还缺乏系统的理论研究，活动德育在校本部初中和职高的德育工作中尚缺乏全面的渗透活动的课程化，特别是在活动教材建设和活动评价方面还没有实现应有的突破。

2006 年 10 月，根据广东省教育厅《关于基础教育课程改革加强思想道德教育实验研究补充申报课题的通知》精神，我校申报了“工读学校活动德育模式探索与实践”课题(含 15 个子课题)；2007 年 1 月，课题立项获得通过，成为广东省“基础教育课程改革加强思想政治教育实验研究”项目，同时成为广东省中小学德育研究与指导中心德育科研“十一五”规划课题。自此，我校开始了活动德育理论的系统学习、问题研究和实践反思。

2007 年，我们重点进行文献研究，整合、梳理有关活动德育的理论成果；制订课题研究方案；围绕课题研究举办教育科研培训，建立起课题研究骨干队伍；启动子课题研究，全面实施活动德育，其中“心理健康教育活动模式研究”“学生校外社会实践研究”和“法制教育活动模式研究”取得突破性进展。2006 年 7 月和 2007 年 8 月，学校先后派出 3 位德育(包括心理健康教育)教师和 9 位班主任到北京参加工读教育分会组织的学校心理健康教育和班主任工作培训，重点学习心理教育游戏(箱庭)活动和班会活动课的设计与组织策略。

2008 年，子课题“班会课活动模式研究”“德育基地场馆教育模式研究”获突破性进展；2008 年 6 月，学校选派 5 位教师到北京生存岛参加提高培训，重点学习“心理健康教育与户外拓展活动相结合”的指导策略；2008 年 7 月以后，各子课题组对预期目标进行评估，撰写课题研究报告、经验总结或论文，整理案例等成果材料；2008 年 9 月，课题组撰写结题报告。

（七）研究的主要做法

1. 创办全国第一个综合型学生德育基地——深圳市中小学德育基地

为充分发挥工读学校德育工作的资源优势，填补普通学校德育内容的空白，克服普通学校德育工作实践性的不足，1994 年，我校根据新时期青少年素质教育需要，在全国率先创办了综合型青少年社会实践教育基地——深圳市中小学德育基地。基地宗旨是：立足素质教育，着眼于人才培养，通过军训与国防教育、法制教育、生存教育、环境教育和劳技教育等社会实践活动，使学生掌握基本的军事技能和国防知识，增强国防观念、法纪观念、劳动观念和环境保护意识，弘扬爱国主义、集体主义和革命英雄主义精神，锻炼体能体魄，磨砺意志品质，激发战胜困难的信心和勇气，培养艰苦奋斗、吃苦耐劳的作风和基本的生存实践能力，为学生全面发展和终身发展奠定基础。目前，基地已形成军训与国防教育、法制教育、生存教育、环境教育和劳技教育五大模块。

(1)军训与国防教育

该模块参照中国人民解放军建制设立了少年军校，修建了大型风雨训练场、射击场、野战营、野炊营和国防教育馆等教育训练场馆设施，聘请优秀退伍军人担任教官。学生在教官的组织指导下参加步伐队列训练、实弹射击训练、野营拉练和整理内务训练等，体验紧张的军营生活，培养遵规守纪、服从指挥的严谨作风和坚忍不拔、百折不回的意志品质以及团结协作、奋发向上的集体主义精神，锻炼基本的生活自理能力；通过参观国防教育展、听国防教育报告和观看爱国主义教育影片等活动，使学生了解中国革命的艰难历程，激发学生的爱国热情，培养学生的国防意识。

(2)法制教育

该模块由“一馆”(法制教育馆)、“一庭”(青少年模拟法庭)、“一报告”(青少年法制教育报告)和“一参观”(参观劳教所、监狱或戒毒所等)组成。

法制教育馆以图文、音像和三维动画等形式向学生宣讲《宪法》《刑法》《义务教育法》《治安管理处罚条例》《环境保护法》《未成年人保护法》《预防未成年人犯罪法》等法律、法规，介绍基本的法律知识。

青少年模拟法庭采用学生角色扮演形式展示青少年犯罪案例的审判过程，开展情境法制教育。在模拟法庭上，控诉双方和学生观众通过激烈的法庭辩论，学习有关法律知识，接受法纪教育。

听法制教育报告和观看法制教育影片活动主要通过对青少年违法犯罪典型案例的深入分析，警醒学生反思，培养学生辨别是非的能力和自我保护的意识。

组织学生参观劳教所、监狱或戒毒所，主要通过真实场景和当事人现身说法，使学生心灵受到震撼，使学生情感获得触发，从而强化其遵纪守法观念。

(3)生存教育

该模块包括消防安全教育，交通安全教育以及“三防”(防核武器、防化学武器、防生物武器)教育和户外生存拓展训练等内容，相应的教育训练场馆有消防安全教育馆、“三防”教育馆、拓展训练场、野炊场等。其中，消防安全教育馆和“三防”教育馆分别以图文、音像和实物等形象地介绍消防安全知识和“三防”知识，并通过模拟演习训练学生的火灾逃生能力和“三防”逃生能力。拓展训练寓教于乐，既刺激又富有挑战性。学生在教练的指导下参加这些训练，不仅可以锻炼体能，还能培养敢于挑战自我、超越自我的心理素质以及与他人、团队积极配合的协作精神。野炊场可同时容纳 600 多人同时野炊(或烧烤)。开展此项活动的目的，主要在于培养学生的艰苦奋斗精神、团结协作精神和野外生存能力。

(4)环境教育

德育基地本身位于深圳市最大的生态圈——原光明华侨农场境内，拥有丰富的生态教育资源。除此以外，基地还专门开辟了 200 余亩①自然生态教育园地(含 40 余种果树和 270 多种其他植物及若干昆虫)，建立了蝴蝶教育馆和现代化的植物园。基地正计划建立空气质量监测与净化、水质检测与污水处理模拟系统。该模块教育活动重在增加学生的环境知识，培养他们的环保意识和习惯。

(5)劳技教育

劳技教育旨在培养劳动观念，学习劳动技能。

首先，我校组织学生参加农业生产劳动(种菜、种花、养猪、养鸡、

① 1 亩约为 666.67 平方米。

养鱼等)，使他们体会“谁知盘中餐，粒粒皆辛苦”的含义，明白“一粥一饭来之不易”，从而使他们懂得尊重劳动人民，珍惜劳动成果，选择正确的消费方式，养成勤劳俭朴、艰苦奋斗的优良品质。

其次，我校利用校内职高部中等职业技术教育的条件，对本校初中(工读)学生和基地参训学生开展汽车维修、计算机组装和花卉种养等职业技术教育。

最后，我校利用新调整腾空的大量校舍(一栋大楼)进一步丰富劳技教育内容，重点开设木工、水电工、烹饪等基本生活技能和手工制作培训，培养学生的生存能力和实践精神。

2. 德育课程活动化

德育课程活动化，是指在教师的引导下学生自主进行德育课程的实践性学习，是基于学生的经验，密切联系学生自身生活和社会实践，促使学生的道德意识、道德情感和道德判断逐步内化的教学方式。

①改革初中思想品德课和礼仪课、职高思想政治课和职业规划课等德育课程的教学模式，变传统的说教式、单向灌输式教学为研究性学习或活动式教学(分组合作学习及角色扮演等)，或结合教学内容，将学生带到社区或有关企业观摩学习。

②心理健康教育课与户外拓展训练、沙盘游戏和心理剧表演等团队活动相结合，让学生在活动体验中挑战自我、超越自我，进而建立自信心，培养学生主动与他人沟通、配合的人际交往能力和团队精神。

户外拓展训练起源于第二次世界大战期间的英国，当时主要用来训练年轻海员在海上的生存能力和船触礁后的自救技巧，使他们的身体和意志都得到锻炼。第二次世界大战后，这一训练方式逐渐被推广开来，训练目标也由单纯的体能、生存训练拓展到心理训练、人格训练、管理训练等。我校于 1998 年引进了拓展训练项目，利用学校依山傍水的自然环境修建了专业的拓展训练场(有水上、陆地和高空三组项目)，并将拓展与心理健康教育相结合，受到学生的热烈欢迎，收到很好的教育效果。

③法制教育课采用案例分析、模拟法庭(角色扮演)、现场参观(或采访)、专题讨论或社会调查等形式教学。

3. 开展“三名”教育活动

情感退化危及道德，而审美教育是情感教育的有效途径。我校除正常开设音乐课、美术课外，还根据不同年级学生的认知水平和欣赏能力，有针对性地开展了以“读名著”“听名曲”“赏名画”为主要内容的“三名”教育活动。学校编写并公开出版了“三名”教育校本教材《岁月流传的经典》，“三名”教育还作为校本课程被列入课表。校图书馆设有“三名”教育专柜，校电教馆配备了名著、名曲、名画欣赏的音像资料，校园宣传橱窗开辟了“三名”教育专栏，教学楼有名画长廊，各班活动室设有“名著角”，校园广播每日定时播放名曲，全校形成了“三名”教育资源库和活动网络。

4. 在综合实践活动课中渗透德育

新课程改革中的综合实践活动课是以综合性为特征，以学生主体实践活动及体验学习、研究性学习为主要形式，以促进学生情感、能力、认知的协调发展为主要目标的活动模式。学生在综合实践活动中获得亲身感受和直接经验，在实践中形成热爱生活的态度，在实践中获得信息时代所需要的能力。无论教学内容还是教学形式，综合实践活动课本身都具有较强的德育功能：就教学内容来说，综合实践活动课的内容非常广泛，其中许多课题本身就是德育课题；就教学形式来说，综合实践活动课倡导研究性学习和分组合作学习，这种教学形式有利于培养学生的合作意识、集体观念和社会责任感。换句话说，综合实践活动课同时也是一种活动德育课。我校重视发挥综合实践活动课的德育功能，要求教师在教学过程中有意识地渗透德育内容。

5. 校外社会实践活动制度化

社会实践活动是课堂教学的延伸，是学校教育的必要补充和有益辅助，是活动德育的重要形式。近几年，我校每年都组织七年级、八年级和高一年级、高二年级学生赴革命老区或贫困山区开展社会实践活动。每次活动都取得了丰硕成果。

①组织主题夏令营，游览祖国大好河山，让学生在亲近美丽的大自然的过程中陶冶情操，培养爱国情怀、团队精神和环保意识。

②组织学生赴贵州农村访贫问苦，通过经济特区生活与山区生活的强烈对比，培养学生的关爱之心、感恩之心。

③组织学生赴江西农村(永新县烟阁乡)和广东韶关(粤北)农村(曲江区樟市镇)开展“1+1”帮困助学活动、农村生活体验活动和农村社会调查活动。在活动中，经济特区学生与农村学生同吃、同住、同劳动，交流思想，互通信息。农村学生淳朴、善良、勤劳、坚韧的品质给经济特区学生留下了极深的印象。

④组织学生赴韶山、井冈山等革命老区开展红色之旅，通过参观革命历史遗迹，缅怀先烈丰功伟绩，使学生切身感受中国革命的艰难历程，明白今日幸福生活的来之不易，培养学生的社会责任感和团结互助的集体主义精神，继承和发扬革命传统。

6. 主题班会课活动化

班会课是学校德育的主阵地之一，是师生之间和学生之间交流思想的重要渠道。然而，长期以来，相当多的班会课成了班主任的“自留地”和“一言堂”。班会课要么开成了“批评会”，要么开成了“班级事务处理会”，这样的班会课背离了“以德育为中心，以学生为主体，以活动为载体”的班会课原则，只能引起学生的厌烦和排斥。

为改变上述班会课的沉闷状态，我校明确将班会课定位成活动课，要求班主任策划或指导学生选择身边有意义的话题作为班会课的主题，并精心设计活动方案，做好活动前的各项准备工作；在班会活动过程中，要以学生的活动为主，尊重学生自主、合作的主体精神，锻炼学生的自我教育能力、自我管理能力、口头表达能力和组织能力，实现学生之间广泛、深入的思想交流。班主任要适时发挥指导作用，恰当处理班会活动中临时出现的有关问题，及时调控活动方向，最终达到价值认同的活动目标。

7. 在特殊节日、 纪念日开展主题德育活动

各种法定节日，传统节日，革命领袖、民族英雄、杰出人物的诞辰和逝世纪念日，重大历史以及重大事件纪念日，都蕴藏着宝贵的思想道德教育资源。我校一直重视利用这些特殊的节日、纪念日、当前形势与弘扬和培育民族精神教育活动月、未成年人思想道德教育活动月、学雷锋活动月等特殊教育时段，积极开展相关主题的教育活动，把深刻的教育内容融入生动有趣的活动之中，用祖国的大好风光、民族悠久的历史、优良的革命传统和现代化建设的新成就教育学生。

8. 课外活动的德育功效及其课程化研究

课外活动的德育功能主要是：第一，通过活动促使学生挖掘潜能、发展潜能、体验成功，进而建立自信心；第二，通过活动增进师生交往和生生交往，培养学生的人际交往能力。

“问题学生”曾长期处于外界的消极评价中，这使他们在心理上形成一种失败定势，这种消极的自我暗示使他们不断远离真实的自我。改变学生消极人格的行为疗法，就是要让他们在各项活动中扬长避短、发挥优势、体验成功，从而增强自信心。为此，我校先后成立了书法班、美术班、器乐班、棋类班、武术队、足球队、篮球队、毽球队、定向越野队、射击队、射箭队、航模队，以及手工制作等课外兴趣小组，开辟了项目丰富的户外拓展运动场。学生报名踊跃，活动积极。

（八）研究效果与课题成果

1. 研究效果

课题研究的效果体现在总体目标和各子课题目标的基本实现上，主要有以下几点。

①活动德育改善了师生关系和教育氛围，增强了德育的亲和力。首先，从师生关系看，在各种德育游戏和社会实践活动中，教师不再是发号施令的道德权威，而只是活动的组织者和引导者。他们与学生共同参与，共同体验，共同感悟，师生之间、生生之间是一种平等互动、互相帮助的和谐、合作、民主的关系，这种关系和氛围能促使师生双方和学生之间都以平和的心态重新认识对方，发现对方真实的另一面，从而拉近双方的距离。这在我校近两年组织的到井冈山和粤北农村开展的社会实践活动中表现得尤为明显，当时许多感人的场面令人至今难忘。其次，从教育内容看，活动德育的理念是“回归生活世界”（体现“三贴近”），这在一定程度上拉近了教育活动内容与学生实际生活之间的距

离，体现了活动的现实性。最后，从活动的环境和方式看，活动德育环境一般是有别于教室的新环境，使学生视觉上有新鲜感、神经易兴奋，而且活动过程需要学生动身、动手、动口、动脑，这体现了活动德育的生动性。民主性、现实性和生动性强化了德育的亲和力，容易激发学生参与的积极性。

②社会实践使学生更深刻地了解了历史与社会，激发了他们的社会责任感。在赴江西永新县和井冈山的社会实践活动中，学生通过实地参观永新县博物馆、三湾改编纪念馆、井冈山革命博物馆和众多的革命历史遗迹，了解了井冈山革命斗争的历史，并为无数革命先烈抛头颅、洒热血、勇于牺牲的伟大精神所震撼。在粤北农村社会实践活动中，经济特区的学生目睹了农村劳动的艰苦和生活的艰难，感受了农民勤劳、朴实、善良的优良品质。在汶川大地震发生后各班进行的有关抗震救灾的主题班会活动课上，学生从通过研究性学习获得的许多图文资料中感受到党、政府和全国人民对灾区人民的深切关怀以及团结一心、众志成城、战胜困难的决心。这一切都促使学生对历史与现实进行思考，也使他们逐渐形成正确的人生观，增强了社会责任感。

③学生在活动中增进了交往，培养了合作意识和团队精神。无论是社会实践，还是班队、团队活动，参与者都不可避免地要与他人交流、互动。在交流、互动过程中，每个参与者都逐渐理解自己在团队中的角色定位，自觉或不自觉地思考自己与他人、团队的关系，这有助于培养学生的合作意识和团队精神。其实许多活动项目本身就是要培养参与者的合作意识与团队精神，如户外拓展中的“孤岛求生”和“毕业墙”等活动项目。

④活动德育将学生引向现实的道德情境中，发展了学生的个性，锻炼了学生的道德实践能力。

⑤课题研究促进了学校活动德育资源建设，特别是促进了德育基地社会实践教育及管理进一步向规范化、专业化发展；推动了基地五大教育模块活动项目的开发及相关场地设施与教材的建设；促进了德育队伍建设和相关制度建设。

⑥课题研究推动了学校思想政治、心理健康教育、法律、职业指导等课程的教学活动化和班会活动课的探索与实践，初步形成了上述科目和班会课的活动教学模式。

⑦课题研究丰富了学校的第二课堂活动，为学生搭建了更多锻炼和展示自己的舞台；扬长教育、快乐教育使学生对我校的归属感和向上的意识明显增强。

⑧课题研究强化了学校的教育科研培训，促进了教师的专业化发展。

⑨通过创办中小学德育基地，组织各普通中小学学校学生前来开展社会实践活动，更充分地发挥了工读教育学校的德育辐射作用，扩大了办学的社会效益，提升了学校的社会地位，密切了工读教育学校与普通中小学乃至社会各界的联系，促进了工读教育的良性发展。

⑩教育部有关领导评价我校构建活动德育模式是“新思路、新模式、新特色、新起点，领导高明、别具一格、起步虽晚、后来居上”；广东省教育厅副厅长称我校是全省德育的一面旗帜……

2. **课题成果**

活动德育的成果首先表现为学校德育环境的显著改善和学生道德素质的不断提高，其他有形的主要成果列举如下。

①建立了我校活动德育实施与管理网络。

②中小学德育基地增加了生存教育模块和环境教育模块，教育功能和活动规模都有了很大的拓展。截至 2008 年 10 月，德育基地共完成了 40 多万名中小学生社会实践活动的组织培训工作，教育效果十分明显，参训学校及社会反响强烈。

③完善了德育基地管理制度，编印了新的《德育基地管理手册》。

④德育基地教育活动资源得到极大丰富：新建了国防教育馆、消防安全教育馆和蝴蝶教育馆，改造了法制教育馆和校史馆；开辟了 200 多亩生态教育园地和 30 多亩野战场；新建了可同时容纳 600 多人野炊的烧烤场等。

⑤研究起草了《育新学校、新鹏职高 2007 年井冈山社会实践活动方案》和《育新学校、新鹏职高 2008 年韶关社会实践活动方案》等活动方案，

摄制了《育新学校、新鹏职高井冈山社会实践活动纪录片》和《韶关社会实践活动纪录片》等大量活动德育的影像资料，整理了《学生社会实践活动总结汇编》等。

⑥已选出优秀班会活动课案例、心理健康教育活动课案例、法制教育活动课(模拟法庭)案例 30 余个，即将编印《深圳市育新学校活动德育案例集》。

⑦已撰写有关活动德育的科研论文、宣传报道数十篇，主要篇目如下：撰写《深圳市育新学校活动德育模式探索与实践研究方案》(2007 年)；《加强青少年法制教育，为构建和谐社会奠基》在 2007 年 7 月中国教育学会、中国宋庆龄基金会、台湾地区相关部门联合举办的“首届两岸青少年社会教育论坛”上宣读，并被收入论文集公开出版，且于 2007 年获评深圳市教育学会德育论文一等奖；《求新求变求发展，创优创特创示范——深圳市中小学德育基地拓展提升活动德育的实践与探索》在 2007 年广东省中小学德育基地工作协作会年会上宣读，获评广东省 2007 年度德育创新成果一等奖；长篇报道《让学生在社会实践中淬火加钢——深圳市中小学德育基地探索活动德育新模式》在《深圳特区报》上发表；长篇报道《山坳杜鹃别样红——育新学校特色教育小记》在《深圳特区报》上发表。

⑧中国教育学会中学德育专业委员会和工读教育分会、广东省教育厅、深圳市教育局多次在我校召开德育工作现场会；2007 年 11 月，广东省中小学德育基地工作协作会成立大会暨德育基地工作现场会在我校召开，会上我校被推选为协作会会长单位。

⑨近几年我校因开展活动德育成效显著而获得的荣誉称号有：全国优秀“青少年维权岗”(共青团中央、中央综治办、教育部等)；第二届中国青少年社会教育“银杏奖”优秀团队奖(共青团中央、中央综治办、教育部等)；德育科研先进单位(中国教育学会中学德育专业委员会)；工读教育科研先进单位(中国教育学会工读教育分会)；中小学心理健康教育先进单位(广东省心理健康教育指导中心)；青少年学生法制教育先进单位(广东省教育厅、广东省司法厅、共青团广东省委员会、广东省综治委)；法制教育先进单位(中共广东省委、广东省人民政府)。

（九）反思与启示

1. 要重视活动的课程化建设

我们认为，实施活动德育有两大途径。一是课程的活动化：将活动引入传统的以课堂为载体、以教师传授为主要教学方式的德育课程，使其实现活动化，如采用角色扮演、研究性学习或社会考察等形式上思想品德课；将户外拓展活动引入心理健康教育课；到人才市场(人才交流中心)或现代企业公司上职业指导课或职业道德教育课；采用青少年模拟法庭或组织学生到真正的法庭旁听等形式上法制教育课等。二是活动的课程化：挖掘游戏、活动和现实生活场景的德育价值，开发新的活动德育项目，并以课程范式规范其操作，即精心策划每项活动，明确活动的主题、目标、内容、形式和要求等，制订详细的活动方案，做好活动的各项前期准备工作；在活动过程中，教师要和学生共同参与，共同感悟，注意适时引导和信息反馈；要注意活动的总结与评价，重视活动德育的校本教材建设，促进课程建设。总之，相关主体要避免活动的随意化和庸俗化。

活动德育的校本教材建设和评价标准的完善与落实，是我校在该课题的后续研究中要着力解决的问题。

2. 实施活动德育要重视道德认知的参与

强调道德实践并不排斥道德认知的参与，相反，道德实践只有与道德认知相结合，才能形成道德信念和道德能力，才能达到教育目标；也只有在开展实践活动的同时，重视培养学生的情感、态度和价值观，德育实践活动才能成为一门完整的教育课程。这就需要活动组织者在活动前和活动中启发、点拨、引导学生体验、感悟，并在活动后进行总结和分享，最终引导学生形成理性的观念和认识。以军训为例，我们在强调磨炼、纪律、服从和动作整齐划一的同时，重点关注学生的态度和情绪。为消除学生最初的恐惧乃至抗拒心理，我们在每次军训前的开营仪式上都要进行“战前动员”，向学生讲清军训对个人、对社会的意义，鼓舞学生的斗志；在军训过程中，基地管理人员以及教官、教师会以各种方式经常鼓励学生，帮助他们树立坚持到底、争当优秀学员的坚定信念；军训结营时，我们都要进行认真的总结、分析，对学生提出殷切的希望。再如，我们每次组织学生到井冈山开展社会实践活动前都要做大量的准备工作，其中重要的一项就是让学生到图书馆或上网查资料，了解井冈山革命斗争历史和井冈山的风土人情，这样，学生在实地参观时就能更快地进入情境，认识也会更加到位。

3．要重视活动德育资源的开发与整合

德育活动资源是德育活动的要素来源以及开展活动必要而直接的条件，是开展好活动德育的基础，它决定着活动德育实施的范围和水平，因此，必须重视活动德育资源的开发与整合。

活动德育资源按所处空间可分为校内资源和校外资源。校内资源指学校的场地设施、制度文化、精神文化以及师生的知识、技能、经验、行为方式、情感、态度、价值观等。“学校即社会”，学校应充分运用好校内资源对学生进行养成教育和专题教育。

校外资源是与学校教育教学相互联系、相互补充的实践性课堂，是服务、凝聚、教育广大中小学生的活动平台，是加强思想道德建设、推进素质教育、建设社会主义精神文明的重要阵地，在教育引导中小学生树立理想信念、锤炼道德品质、养成行为习惯、提高科学素质、发展兴趣爱好、增强创新精神和实践能力等方面具有重要的作用。学校应主动开发与利用好丰富多样的社会资源，积极组织学生开展社会实践活动。

在课题研究过程中我们发现，我国在教育资源开发与利用方面存在突出问题。第一，教育资源总量贫乏，特别是诸如博物馆、科学馆、艺术馆等社区教育资源严重不足，且发达地区、欠发达地区、贫困地区的教育资源状况差异很大。第二，已有的教育资源未能得到充分利用，特别是社区教育资源利用率低。考察发现，我国各大城市由政府斥巨资兴建的博物馆、科技馆、航空馆、航天馆、天文馆、自然历史博物馆等公共活动场所往往游客稀少；另外，我国学校对社区人力资源的利用尚未成为自觉，许多社会人士所具有的德育价值尚未被发掘利用。近几年，北京、上海等城市在这方面加大了力度，许多措施值得借鉴。第三，一些社区教育资源性质改变，名存实亡，公益性、教育性的青少年活动场所竟变成了经营性创收的场所。第四，重建设，轻管理，轻服务，特别是轻视针对中小学生教育活动项目的开发与实施。我们的许多博物馆硬件投资并不少，馆舍建筑也非常气派，只可惜管理人员专业素质不高，管理水平和服务质量低下，有的博物馆连起码的导览说明书都没有，更不要说编写并免费提供活动指导教材了。我们很少见到国内的博物馆主动针对不同年龄段中小学生的学习需要开发相应的教育项目，许多中小学的综合实践课因缺乏活动资源而流于形式。另外，我们的很多博物馆更像是面目严肃、令人敬畏的“老学究”，馆内的展示形式和手段缺乏趣味性、参与性、实践性和互动性，很难让观众从中获得体验和探究的乐趣。

如何开发、整合及利用好社会德育资源，是活动德育课题研究引出的又一重大课题。我们已在这方面进行了一些探索，取得了初步的成果，但还有许多相关的问题有待研究解决。我们相信这是一个很有意义且可以有所作为的教育探索领域。随着我国社会教育资源开发、整合及利用水平的逐步提高，学校的活动德育必将展现新的局面。

二、 活动德育案例选编

（一）红色之旅·从经济特区到革命老区

1. 活动主题

寻访红色革命足迹，弘扬伟大的井冈山精神。

2. 活动对象

深圳市育新学校初中部一、二年级和职高部一、二年级共 9 个班近 300 名学生。

3. 活动时间

2007 年 5 月 21 日至 5 月 25 日。

4. 活动目的

①通过组织深圳经济特区深圳市育新学校的学生与革命老区江西永

新县烟阁中学学生结对开展“手拉手·献爱心”活动，让经济特区学生住在江西永新县农村学生家，与农村学生一起生活，一起劳动，相互交流。一方面让经济特区学生实地了解革命老区的社会状况和农村同龄孩子的生活、学习情况，激发经济特区学生的感恩之心和关爱之情；另一方面让革命老区学生了解改革开放前沿——深圳经济特区建设与发展的巨大成就和经济特区学生朝气蓬勃的精神面貌及其生活、学习情况，开阔革命老区学生的视野，启发他们树立远大理想，刻苦学习，发奋成才。

②通过实地寻访毛泽东等老一辈革命家领导中国工农红军从江西永新转移到井冈山建立第一个农村革命根据地以及在根据地与国民党反动派进行艰苦卓绝斗争的光辉足迹，让学生在真实的历史环境中重温革命故事，感受红色激情，缅怀革命先辈，弘扬伟大的井冈山精神。

③通过亲近、欣赏革命老区丰富多样的自然风光，让经济特区学生放飞心情、陶冶情操、学习自然知识，体验并理解人与自然的关系，培养他们关爱自然的人文情怀，同时在跋山涉水中锻炼他们的体力，磨砺他们的意志品质。

④通过集体活动和集体生活，增进学生之间的交往和相互了解，使他们在互帮互助中增进友谊，培养团队精神等。

5. 活动目标

①按计划完成各活动项目，整个活动过程安全、顺利。

②学生能够掌握井冈山革命斗争历史的基本知识；知道毛泽东、朱德、周恩来等老一辈无产阶级革命家建立井冈山第一个革命根据地的伟大意义；领会并记住井冈山精神的文字表述。

③深圳市育新学校学生与江西永新县烟阁中学学生在结对开展“手拉手·献爱心”活动时能和谐相处，育新学校学生在结对学生家里能主动与家长交流，主动帮助做家务活，积极参加农业劳动体验，学习一定的农业知识和劳动技能，与农村同学及其家长建立一定的感情。

④学生在活动结束后能够对深圳经济特区和江西农村进行比较，能讲出三点以上两地的不同特点，能讲出井冈山最有代表性的植物及其特点与价值等。

⑤活动结束后学生在班会总结中能口头分享并书面写出两点以上个人感想及今后的打算。

6. **主要活动资源**

①旅游大客车 6～7 辆(由江西永新县某旅行社准备)。

②江西永新县和井冈山的革命历史遗迹及相关纪念馆等。

③永新县“手拉手 · 献爱心”结对学生家庭及当地农业劳动田地、工具等。

④师生在井冈山食宿所需的招待所、饭店等。

⑤活动校旗、班旗、锦旗、横幅等。

⑥捐助烟阁中学的教学设备、图书、文具及帮助烟阁中学整修校园道路的资金。

⑦活动手册、实践学习单及相关资料。

⑧对讲机、小喇叭、照相机、摄像机、望远镜、手电筒、药箱(常用药品)等。

⑨参与活动组织管理和学习辅导的全体教师和相关工作人员。

⑩相关支持单位：永新县教育局、永新县旅游局、永新县烟阁中学以及永新县和井冈山的有关纪念馆、历史遗迹管理部门等。

7. **活动准备**

①前期考察，规划活动路线，协调各相关方配合。活动领导小组成员赴江西永新县和井冈山进行现场考察，研究活动过程各环节的具体事项：与永新县教育局、永新县旅游局、永新县烟阁中学等单位就共同开展此项活动达成共识；考察吉安文天祥纪念馆、永新县烟阁中学、永新县革命烈士纪念馆、湘赣革命纪念馆、秋溪党支部旧址、秋溪暴动队旧址、龙源口桥、三湾改编纪念馆等；考察井冈山革命博物馆、黄洋界、小井红军医院旧址、大井毛泽东旧居、水口彩虹瀑布、五龙潭等；规划学生社会实践活动的主要内容及形式。井冈山具体活动由永新县某旅行社与井冈山有关方面沟通安排。

②制订活动方案。设计活动流程；明确活动管理分工及要求；编印活动手册(教师手册和学生手册)；编制社会实践活动学习单等。

③发放《社会实践活动通知书》给学生家长，家长签署意见后由学生带回学校交班主任。

④确定本校参加活动的学生名单和两校结对学生名单。

⑤收缴活动费用；预定车票；购买安全保险等。

⑥准备两校师生联欢节目等。

⑦学生上网了解有关井冈山革命斗争历史的基本知识。

⑧召开社会实践活动动员大会(包括安全、纪律教育和师生捐款捐物等)。

8. 活动注意事项

(1)学生注意事项

①预备换洗衣服、洗漱用具、雨伞和常用药品等，有条件的可携带手机、相机，严禁携带其他贵重物品和多于 200 元的现金。

②一切行动听指挥，严格遵守活动纪律：活动期间一律穿校服；按时参加集体活动，临时有事需离开团队时必须事先向班主任或管理老师报告，征得同意后方可离队并按时归队，严禁单独离队活动；上下车排队，严禁争抢、拥挤；参观时遵守参观场所有关要求，自觉维护活动秩序，严禁大声喧哗；注意了解、尊重永新和井冈山的地方风俗习惯；同学之间相互照顾，发扬团结互助精神；妥善保管个人财物，时刻注意人身安全。

③主动了解当地的社会生活情况，耐心回答当地学生和家长的询问，虚心介绍深圳情况；注意按《社会实践活动任务书》要求认真观察、学习和思考，按时完成学习任务。

(2)教师注意事项

①带齐旅途用品：换洗衣服、雨伞、手机、相机、常用药品等。

②明确活动整体安排和活动期间本人的职责。

③积极配合，相互支持，共同做好活动的组织管理工作。

④言行文明，为人师表，及时为学生提供必要的指导和帮助。

⑤跟随学生统一活动，未经总领队同意，不得离开团队单独行动。

⑥班主任、辅导员管好本班学生，注意清点人数，确保学生安全。

⑦保管好集体和个人财物。

⑧手机须24小时处于畅通状态。

9. 活动过程（详细活动安排表略）

第一天下午至第二天凌晨：深圳市育新学校学生乘火车从深圳出发，于次日凌晨到达江西吉安站，旅行社接站。

第二天：上午参观吉安文天祥纪念馆，然后前往永新县参观革命烈士纪念馆、湘赣革命纪念馆、秋溪党支部旧址、秋溪暴动队旧址、龙源口桥等。下午举行深圳市育新学校与永新县烟阁中学“手拉手·献爱心”捐赠仪式及两校师生联欢(育新学校向烟阁中学捐款，为学校修建一条校园内部道路)；两校学生“结对子”，育新学校学生到烟阁中学学生家中食宿，体验农村生活，参与农业劳动(插秧等)，开展社会调查等。

第三天：参观永新红色历史遗迹及三湾改编纪念馆，然后乘车前往井冈山参观，参观北山革命烈士陵园并向烈士敬献花圈，参观井冈山革命博物馆、茨坪红军大本营，参观大井毛主席旧居等。

第四天：参观黄洋界、五龙潭、小井红军医院旧址、水口彩虹瀑布等。晚餐后乘火车返回深圳。

第五天：凌晨返回深圳市育新学校。上午9：00—10：00小组内分享、总结；10：20—12：00班会活动，以小组为单位进行班级分享、总结；13：00学生回家。

10. 实践活动学习单（活动前发给学生，活动分享总结环节完成）

“红色之旅·从经济特区到革命老区”实践活动学习单

班级：__________　姓名：__________　活动时间：__________

亲爱的同学：

欢迎你参加“从经济特区到革命老区”社会实践活动！

在杜鹃花绽放的红色季节里，我们将从深圳出发前往江西革命老区，在那里，我们将踏上一段令人难忘的“红色之旅”。旅途中，我们将与山区的同龄伙伴一起生活、一起劳动、一起学习；我们将实地瞻仰革命历史遗迹，感受红色激情，缅怀革命先辈；我们还将在美丽壮观的井冈山自然风光里放飞心情、陶冶情操……希望同学们在各项活动中亲身体验、注意观察、深入思考，在活动结束后认真回答下列问题：

1. 在烟阁中学结对同学家里，你干了什么农活或家务活？有什么特别的发现？有哪些感想？

____

____

____

____

____

2. 在此次活动中，同学们参观了文天祥纪念馆、永新县烟阁中学、永新县革命烈士纪念馆、湘赣革命纪念馆、秋溪党支部旧址、秋溪暴动队旧址、龙源口桥、三湾改编纪念馆、井冈山革命博物馆、黄洋界、小井红军医院旧址、大井毛泽东旧居等，请问给你印象最深的是什么地方的什么内容？你由此想到了什么？

____

____

____

____

____

3. 你认为深圳与井冈山有哪些不同之处？你知道井冈山精神和特区精神的内容吗？把你知道的写下来。

____

____

____

____

____

11. 活动总结与反思

在各有关方面的大力支持和师生们的共同努力下，本次赴江西永新、井冈山社会实践活动圆满完成，整个过程平安、顺利。活动中，同学们经历了太多的“第一次”：第一次离开深圳出远门；第一次住农家屋、吃农家饭、干农家活；第一次零距离接触许多没有听说过或只是在课本上学习过的革命历史遗迹，聆听了一个个生动的革命故事；第一次见到那么美丽壮观的自然景色……这许许多多的“第一次”既使同学们感到新鲜、刺激、快乐，也使他们学到了许多在课堂上学不到的知识，获得了一个又一个人生的感悟。无论从学生在整个活动过程中良好的表现和整体效果看，还是从活动结束后同学们的个人总结以及他们在班会活动中的分享来看，这次社会实践活动都达到了预期的目的，取得了丰硕的成果。

①此次活动使学生较深入地接触了社会，了解了农村，特别是了解了老区人民勤劳、朴实、善良和自强不息的优秀品格。通过切身体验山区同龄人生活、学习条件的艰苦，目睹山区同学的朴实与好学，学生真正意识到自己生活的幸福和学习环境的优越，也因此激发了他们的感恩之心和更加努力学习的动力。

在班会分享中，不少同学在分享农家生活的感受和体会时都流下了感动的泪水，甚至哽咽地说不出话来。几乎所有同学都认为，在烟阁中学参观交流和到农村体验生活是他们此行感触最深、印象最深，以致终生难忘的一段经历。在短短两天的参观体验中，有那么多巨大的反差使他们“想不到”：想不到烟阁中学的教室是那么阴暗(连灯管都没有)，学生的课桌、板凳是那么破旧；想不到在炎热的夏天里他们的教室、宿舍、礼堂(别人捐建的)不仅没有空调，甚至连电扇都没有；想不到他们的宿舍是那么拥挤且没有浴室和厕所，甚至在整个校园连一个像样的厕所都找不到；想不到学生食堂的饭菜是那么简单，而且要站着吃；想不到学生宿舍和家里没有淋浴，洗澡时只能打一两盆水擦身……但最使他们想不到，也最令他们感动的有两点：一是烟阁中学的学生在这么艰苦的条件下不仅没有抱怨、嫌弃，反而能快快乐乐、勤奋地学习，回到家里还要帮忙做家务、干农活；二是老区人民虽然物质贫乏，但他们接待来自深圳的陌生的客人时非常热情、大方，他们拿出家里最好的东西给我们学生吃，却坚决拒绝接受我们学生给他们的生活费、住宿费。很多同学都用“令人难忘，受益匪浅”八个字来表达自己的感受。高二(1)班庄梦愉同学说：“到了农家，吃着农家的菜，过着农家的生活，走在乡村的小路上，仿佛我也是这里的一分子，感受着这里与城市的巨大反差，很新鲜，也很心酸。所有的东西是那么简单与朴实，让人心里分外踏实……”高二(1)班陈静静同学说：“和他们相处虽只有一晚，吃得不好，住得不好，生活也有许多不便，但他们的热情、真诚和朴实，让我深深地感动了。”高一(1)班朱永贵说：“去到她(烟阁中学学生)家，我得知她妈妈去外地打工了，家里只剩下她和爸爸，还有一个小弟弟……她家里虽然简陋，但一切都被她打理得干干净净、井井有条……十分懂事的她很孝顺家人，洗衣、做饭、打扫卫生，什么都做；而我呢，只要家人让干一点点家务，就立即逃得远远的。生活艰苦的她没有被打败，反而还乐在其中，勤奋好学，懂得为自己的理想奋斗；而我呢，身在福中不知福，遇到一点小事就挑三拣四……”高二(1)班邹雀辉同学写道：“这次社会实践活动让我收获最大的是与烟阁中学学生开展‘手拉手·献爱心’活动和到农村学生家里体验生活。(我们)亲自下田插秧，体会到了‘谁知盘中餐，粒粒皆辛苦’的含义，明白了粮食的来之不易，所以说要爱惜粮食……烟阁中学学生不为困难所压倒，(做到)认真学习。我们深圳学生的学习条件实在是太好了，我们应该好好珍惜。”高二(1)班温晓芬写道：“……我们是多么

‘身在福中不知福’啊！我们是那么不懂得满足，明明已拥有了那么多令他们(农村学生)羡慕的东西，却还有诸多的要求，这让我感到惭愧，所以感谢学校组织了这次活动，让我感受到这么多，我会更加珍惜现在的生活。”高二(1)班李菠等同学还在总结中对农村人与城市人的品格进行了深刻的对比，尖锐地批评了一些城里人的自私、贪婪和虚伪，赞美了农村人的勤劳、朴实与善良。司徒建辉同学讲得好：“虽然(他们的屋子里)没有明亮的灯光，但他们有明亮的心。我真的很佩服他们，敬佩他们。”这些发自肺腑的语言，让我们感到我们的学生真是明白了许多，成熟了许多。

②通过实地参观革命历史遗迹和纪念馆，通过缅怀革命先烈的丰功伟绩，同学们更多、更深切地了解了井冈山革命斗争历史，感受了中国革命的艰难历程，明白了革命的胜利和今日幸福生活的来之不易；他们增长了知识，增强了社会责任感，也增进了爱国主义情怀。

永新县是全国第四个将军大县，也是毛泽东开辟井冈山革命道路的起点。第一个农村党支部就诞生在这里，著名的龙源口大捷和三湾改编也发生在这里。在数十年的革命斗争中，从永新走出了以贺子珍为代表的一批又一批英雄豪杰和仁人志士，其中三十多位成为共和国将军，一万多人为新中国的诞生献出了宝贵的生命。井冈山是中国革命的摇篮，毛泽东、朱德等共产党人率领中国工农红军在这里创建了第一个农村革命根据地，点燃了革命的“燎原之火”，开辟了一条“农村包围城市、武装夺取政权”的正确道路。在这里，无数革命先辈进行过艰苦卓绝的斗争，他们抛头颅、洒热血，粉碎了敌人一次又一次的会剿，壮大了革命队伍，为革命的最终胜利奠定了基础。他们用智慧和鲜血凝成的“坚定信念，艰苦奋斗，实事求是，敢创新路，依靠群众，勇于胜利”的井冈山精神，是中华民族的宝贵财富。在一路的参观中，同学们被一个个壮烈的革命故事所震撼，许多同学陷入深深的思考之中。八年级(1)班陈剑宏同学工工整整地写了四页总结和感想，他说：“在这次活动中，我明白了不少道理，懂得了不少知识。在体验当地人的生活中，我明白了要珍惜现在的生活，要好好读书。三湾改编创造了在困难中看到希望、在黑暗中看到光明、在绝望中看到胜利的伟大精神。看到烈士们的丰功伟绩，我深深地体会到今天幸福生活的来之不易……”七年级(1)班戚家豪同学写道：“在永新，在井冈山，我们看到许多人为了新中国的诞生而被敌人杀害了，很多人还没到30岁就牺牲了，他们是多么令人敬佩，他们用自己的鲜血和生命换取了别人的生命安全。没有这些英勇的战士，可能我们现在还处在战乱时期……我们要好好学习，学会知足，学会吃苦，遇到困难自己想办法解决，学会勇敢战胜挫折，保持积极的情绪状态……不屈不挠，最终走出困境，成为生活的强者。”许多同学在总结中表示，要把井冈山精神带到今后的学习和工作中，努力争取更好的成绩。

③这次活动使同学们锻炼了能力，增强了体魄，磨砺了意志，陶冶了情操，培养了纪律观念、团结互助的集体主义精神和关爱自然的人文情怀，同时也启发了同学们的多方面思考。

这次社会实践活动时间短(除两个晚上在往返火车上，实际参观、体验只有三天)，内容多(三大主题、多项活动)，活动范围广(深圳—吉安—永新—井冈山—深圳)，运动强度大(上山、下山)，而且天气特别炎热，路途十分辛苦，但同学们没有一个人逃避或掉队，甚至没有人叫苦或求助。大家克服了一个又一个困难，经受了一次又一次挑战，所有人都坚持了下来，令教师们刮目相看。在农民家中，同学们克服了对环境

的不适应(吃不了辣椒及晚上被蚊虫叮咬睡不好觉等)和生活的诸多不便(洗澡和上厕所不方便等)，学会了做家务(烧柴火、炒菜)和干农活(挑水、拔草、插秧等)。在整个旅途中，同学们以班为单位，排队上下车，排队前往参观点，没有同学随便离队，没有同学乱扔垃圾，特别是没有人在纪念馆或博物馆参观时大声喧哗；游览水口彩虹瀑布和五龙潭风景区时路途比较遥远，而且需徒步下山、上山，体力消耗很大，但同学们基本上都能走到最低处又按时返回，一路上大家互相照应、互相帮助，个别同学不小心碰到植物引起皮肤过敏也并没有埋怨；每当看见绿色的田野、清澈的溪水和葱郁的森林，许多同学都联想到了城市里的环境污染，意识到了环境保护的重要性……所有这一切，都充分展示了我们育新学校、新鹏职高同学们良好的精神风貌和应有的素质，这也是我们坚持开展养成教育的结果。

④这次社会实践活动之所以取得了成功，主要原因有以下几个方面。第一，江西永新县领导高度重视、大力支持。县委宣传部部长、县旅游局局长和烟阁乡的书记、乡长等均出面热情接待。旅游局贺副局长更是全程陪同，并请其下属旅行社的汪经理开车免费提供交通服务；县政府有关领导还多次责成烟阁中学和县旅游局务必搞好这次活动，尽可能提供最周到、最优惠的服务；县委宣传部尹部长、县政协主席兼教育局局长段主席、旅游局金副局长以及烟阁乡的主要领导出席了我校对烟阁中学的捐助仪式；烟阁乡政府还安排了几名派出所民警到各村巡视，保证我校学生在农村体验生活期间的人身安全。在我校师生的整个参观过程中，旅游局贺副局长一直全程陪同，并乘专车为我们开道，每到一处参观，她都提前到达并为我们办好一切手续，保证了我们活动的顺利进行。第二，组织人员精心策划、认真准备。从活动方案制订到筹备组赴永新县实地考察，从活动资源准备到活动分工安排，从设计学生社会实践学习单到组织学生上网进行前期学习等，每一项工作都提前落实到位，为活动顺利开展打下良好的基础。第三，活动过程中工作人员尽职尽责、管理到位。第四，全体同学服从指挥、积极配合。他们遵守纪律，听从指挥，用心体验，认真学习。第五，活动做到了善始善终。返

回学校后全体学生写体会，班级举行班会分享活动，通过办黑板报、组织图片展、视频播放等交流社会实践活动体会，评选社会实践优秀个人和班级，收集家长反馈，同时团委还举办了社会实践活动畅想座谈会等。

⑤本次社会实践活动有待改进之处：一是学生在农村体验生活的时间较短，劳动内容还不够丰富，社会调查还不够深入，如果再增加一些时间就能达到较深度体验的目的，教育的效果也会更好；二是参加活动的学生有初中生和高中生，他们的认知能力和实践能力存在一定的差距，但此次活动的设计和组织对这种差异关注不够，今后应在活动内容设置和学习要求上体现学生的差异性，使学习任务与学生的认知能力和实践能力相适应，以便增强活动的针对性，提高实效性；三是活动前学校对烟阁中学结对子的学生及其家庭情况了解不够详细，造成结对帮扶的准备工作不够精准，帮扶的效果不甚理想；四是参观活动过程的分组学习准备不足，缺乏前期培训，学生小组合作的意识不强，造成参观过程比较分散，合作的效果不够理想。总之，今后组织学生开展社会实践活动时，前期考察调研、制订方案和准备工作要尽可能充分，要按活动德育课程要求对任务进行分解和细化，做好活动的前期培训。

（二）你是我的眼·盲走校园

1. 活动主题

亲子互助、相依相伴。

2. 活动对象

深圳市育新学校初中部 5 个班 96 名学生及其家长。

3. 活动时间

2014 年 12 月 24 日下午 15：00—17：00。

4. 活动目的

营造父母与孩子互动的空间与情境，让父母和孩子在情境活动中通过身体接触及相互扶助而体验亲情，从而增进亲子之间的沟通与交流，

加深亲子间的相互理解与信任。

5. **活动目标**

①父母与孩子在盲走校园过程中愿意密切接触并相互扶助。

②父母与孩子在盲走校园后能真情表达自己的活动感受。

③父母与孩子在盲走校园后开始相互理解，关系更加融洽。

6. **活动准备**

(1)活动组织分工

学生处负责活动总策划、活动主持人及协助人员安排、活动信息发布、盲走路线规划、活动资源准备(包括活动场地环境布置)、学生家长通知及接待等；信息中心负责活动现场音响及相关设备的准备及使用、校园网宣传、摄影摄像等(具体人员分工安排表略)。

(2)规划盲走路线

军训大棚—基地宿舍楼前—儿童拓展场—飞碟训练场—生态教育园—遵义会议会址(仿造)。

(3)活动资源准备

眼罩(学生和家长每人一个)、音响、摄像机、照相机、盲走路线场地、指示牌、总结分享活动场地和背景音乐等。

7. **活动规则**

①亲子两人一组，一人扮盲人，另一人扮哑人，由“哑人”引导“盲人”共同走完规定的路程。

②在没有走完规定的路程以前，“盲人”不得擅自摘掉眼罩，“哑人”也不得跟任何人讲话，但“哑人”可以通过肢体接触和任何安全动作引导“盲人”向前行走，直到走完全程“盲人”方可摘下眼罩，“哑人”才可以讲话。

③按规定路线行走，不得擅自更改路线。

④活动分往返两阶段进行：去程由孩子扮哑人，父亲(或母亲)扮盲人；回程由父亲(或母亲)扮哑人，孩子扮盲人。

⑤行走过程中“哑人”要体谅“盲人”看不见路的难处，手拉“盲人”安全行走，必要时可以搀扶或背着“盲人”通过难走的路段；“盲人”要体谅“哑人”不能讲话的困难，主动配合“哑人”的引导动作。

⑥往返走完全程后到出发地(军训大棚)集合，亲子间先沟通交流。

⑦在分享与总结环节，每组成员一方面要安静倾听别人发言，另一方面自己也要积极发言，与大家分享活动体会。

8. 活动注意事项

①活动主持人必须在活动开始前向家长和学生讲清活动规则及要求，但不要事先向他们说明活动的背景、目的和意义等，不要对家长和学生进行心理暗示或行为控制，让他们在自然的状态下参与游戏。

②活动主持人和协助者要全程维持活动秩序，并观察参加者的状态，提醒安全事项，严禁拥挤；一旦发生跌倒、碰伤或摔伤等意外情况，要及时处理。

③分享环节的主持人要注意鼓励家长和孩子积极发言，大胆表达自己参加活动或活动过后的真实感想和体会(注意不要对家长和学生的发言做过多点评或引导)，最后要对和谐的亲子关系的意义以及如何建立和谐的亲子关系进行总结和升华。

9. 活动过程

(1)活动预备

全体学生及家长在军训大棚舞台前集中；活动主持人、协助者及其他工作人员到位；活动主持人宣布活动规则及要求；扮演盲人的家长蒙上眼睛，扮演哑人的学生站在家长跟前且手拉家长。

(2)盲走校园

“哑人”手拉“盲人”从军训大棚开始，沿指定路线，向“遵义会议会址”前行；到达“遵义会议会址”后，“盲人”与“哑人”互换角色，按照规则，沿原路返回起点场地(军训大棚)。

(3)活动分享

以班级为单位围坐成圆圈，学生和家长轮流发言，分享自己的活动体会，同时班主任小音量播放背景音乐。

(4)活动总结

班主任或心理教师对活动进行总结。

总结要点：亲子关系是每一个家庭最重要的关系之一，是家庭关系的核心部分。孩子从婴幼儿时期开始，其性格发展就受亲子关系的影响，亲子关系是否和谐不仅影响家庭氛围，影响父母的情绪，还影响孩子的健康成长。

随着青春期的到来，孩子逐渐变得成熟，个人意识逐渐增强，个人的想法越来越多，他们不再对父母百依百顺。因此，很多家长抱怨自己的孩子上小学高年级以后开始调皮，不听话，不好管教；也有很多孩子抱怨父母不理解自己，觉得自己很委屈。总之，父母与孩子的沟通遇到了障碍，甚至经常发生冲突，严重影响父母的精神生活，影响孩子的快乐成长。

亲子关系难以割舍，亲子沟通的障碍必须消除。

如何建立和谐的亲子关系？

从家长方面讲，家长首先要塑造易于让人亲近的美好形象，要求孩子做到的自己首先做到；要多关注孩子因年龄增长而发生的心理变化，多跟孩子谈心，多进行平等的交流，不要因为自己是家长就居高临下地训斥孩子；要乐于满足孩子的合理要求，拒绝孩子的不合理要求，并讲清道理；要相信孩子，鼓励孩子，不要挖苦孩子，以免伤害孩子的自尊，打击孩子的自信；要营造和谐的家庭关系，让孩子感受家庭的温暖，产生强烈的家庭归属感。

从孩子方面讲，孩子要体谅父母的辛劳，体谅父母对自己的一片爱心，做有孝心、懂礼貌的孩子；要听父母的话，在校好好学习，回家帮父母做力所能及的家务活，按时完成家庭作业；有心事多跟父母讲等。

10. **实践活动学习单（学生和家长填写）**

“你是我的眼·盲走校园”实践活动学习单

班级：＿＿＿＿＿＿　姓名：＿＿＿＿＿＿　活动时间：＿＿＿＿＿＿

尊敬的家长，亲爱的同学：

参与此次“盲走校园”实践活动，你一定有一些不同以往的感受和体会，活动结束后请你认真回答以下问题：

（一）请同学回答

1. 从什么时候开始，你不再愿意和父母有身体接触或者很少接触？

____

2. 在去程和回程中，你分别扮演什么角色？你的感受是什么？当你和父母的角色互换后，你觉得有什么不同？

____

3. 参加完本次活动，你和父母的关系有可能会有什么样的变化？作为父母的孩子，你愿意为这种改变做些什么？

____

（二）请父母回答

1. 从什么时候开始，孩子和你的身体接触开始减少或不再接触？

____

2. 在去程和回程中您分别扮演什么角色？您的感受是什么？当您和孩子的角色互换后，您感觉有什么不同？

____

3. 参加完本次活动，您和孩子的关系会有什么样的改变？作为父母，您愿意为这种改变做些什么？

____

11. 活动总结与反思

①本次活动准备得比较充分，学校相关部门和人员积极配合、相互支持，家长和学生积极参与，整个活动开展得安全、顺利、圆满。

②在活动过程中，学生和家长都能按照规则和要求参与行动，真情投入，出现了很多感人的场面。例如，有的同学（“哑人”）扶着母亲或父亲（“盲人”）行走；有的同学在艰难的路段能蹲下身用手扶着母亲或父亲的脚，引导她或他踩稳台阶或垫脚石安全通过；有的孩子干脆背着母亲或父亲通过难走的路段……亲子间身体的亲密接触促进了他们感情的交流和心理的沟通，达到了通过活动（行动）触发情感、促进反思的目的。

③在分享环节，许多家长和孩子都真情流露，甚至泪流满面，其中家长发言尤其踊跃。一位妈妈在分享时说，孩子从上小学四年级以后跟父母就基本上没有身体接触和感情交流了，每次他们与孩子谈话都容易发生冲突，亲子关系非常紧张，父母和孩子见面时都不开心，父母很痛苦。通过参加“盲走校园”活动，当孩子主动扶着她、背着她走过难走的路段，她突然忍不住流下幸福的热泪，她感觉孩子又回到了自己身边，感到了亲情的温暖，同时她也不由地反思自己作为妈妈教育孩子时在态度和语言上对孩子的伤害，以及对孩子的体谅、关心不够……特别感人的是，这位妈妈当场搂着孩子，向孩子真诚道歉，同时孩子也泪流满面地向妈妈道歉。类似的分享场面还有许多。

④参与活动的教师都认真负责、全情投入。所有相关教师都全程参与活动管理。最令人感动的是，有一位学生的父母因故没有到校参加活动，让该生心里非常难受，于是初中部肖青青老师主动扮演该生母亲的角色，全情投入地与这位学生一起按要求走完全程，这深深地打动了这个学生。在分享环节，这位学生热泪盈眶，他对肖老师的感激之情可想而知。

⑤今后开展类似活动需改进的方面：第一，活动德育具有实践性、体验性、生成性等特点，所以组织者在活动过程中应尽量减少对学生和家长的控制，应在活动开始前向学生和其他相关人员讲清楚有关活动规则，不要在活动过程中不断提醒有关规则，干扰活动者的行为和心理体验，另外，不要在活动进行前向学生和家长讲太多的活动背景、活动意义和有关的道理，应减少活动的“心理预设”，以便给活动者留下自由行动和感悟的空间，希望通过活动揭示的道理可以在分享后由主持人以点拨的方式给出；第二，分享、总结是德育活动不可缺少的重要环节，也是检验活动效果的关键环节，所以组织者应预留充分的时间给学生和家长分享自己的体验和感悟，但本次活动的分享环节时间较短，造成许多想发言的学生和家长没有机会发言。

（三）“重走长征路”实践活动

1. 活动主题

重走长征路，开创新时代。

2. 活动对象

深圳市新鹏职业高级中学高一年级学生。

3. 活动时间

2016 年 10 月 10 日。

4. 活动目的

通过组织学生在实践基地模拟的长征路环境中“重走长征路”，让学生“亲历”红军长征“遵义会议”“过雪山草地”“飞夺泸定桥”“胜利会师”等重大历史事件，了解中国工农红军两万五千里长征的基本历史知识，体验中国共产党领导的中国革命斗争和新中国成立的艰苦卓绝的历程，弘扬伟大的长征精神；同时，通过森林探险、野外救护训练和户外拓展等活动，培养学生的环保意识、团队精神和野外生存能力。

5. 活动目标

①学生积极参与并完成各项活动，在活动过程中能互帮互助。

②活动结束后学生能概括叙述红军长征的时间、起点与终点、经过的省份、主要内容和重要意义，能简要叙述遵义会议的内容与意义。

③学生掌握制作担架、包扎伤口、辨别方向、野外取水取食等野外生存技能。

④学生能认识三种以上沿途的植物(包括果树)，知道在森林中活动的基本常识。

6. 活动准备

①场地器材：“遵义会议”会场布置；飞夺泸定桥、翻越雪山、胜利会师等场地器材(安全性)检查；红军军旗、红军服装(包括红军鞋帽)、仿真枪支、军用水壶等的准备；制作担架的材料、包扎伤口的材料的准备；音响器材、照相机、摄像机、对讲机、扩音器等的准备。

②学习资料的准备：中国工农红军长征历史学习资料折页、红军长征路线图、图文展示板、“遵义会议”角色扮演剧本、活动手册等。

③准备“重走长征路”实践活动学习单。

“重走长征路”实践活动学习单

班级：__________ 姓名：__________ 活动时间：__________

亲爱的同学：

我们的“重走长征路”已经进入“胜利会师”阶段啦！一路走来，你脑海里留下了哪些画面？你对什么事件、哪些人物印象深刻？你和连队同学的表现如何？让我们一起来回顾、记录、分享……

1. 点星星：你最喜欢哪个活动？请为你最喜欢的“活动之星”涂上颜色。

团队浮桥	战地救护	模拟遵义会议	飞夺泸定桥	穿越生态谷	野外行军
☆	☆	☆	☆	☆	☆

2. 画故事：你知道红军长征过程中的哪个事件或故事？请用简笔画将它画出来。

____

____

____

3. 写感想：经历了属于你的“长征”，再回想当年红军长征时的情景，你有怎样的感想？请用简单的几句话概括并写下来。

____

____

____

4. 记收获：在活动过程中，你有哪些收获？请用文字或图画记下来吧！

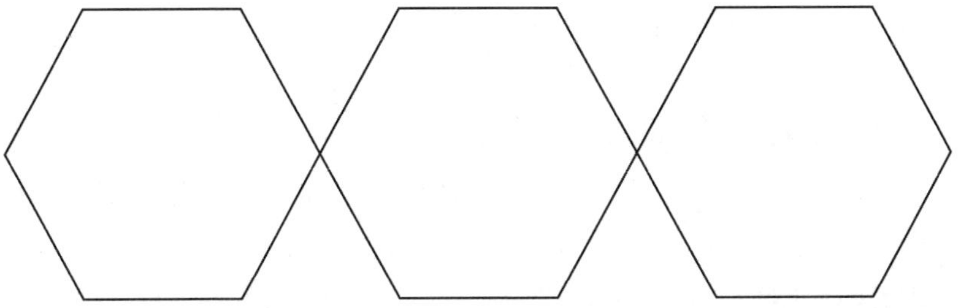

5. 评表现：你觉得自己和班里其他同学在这次“长征”过程中表现得怎样？请参照“优秀个人（班级）”标准，为自己和所在的连队评分。

评分项目	个人得分（满分 10 分）	连队得分（满分 10 分）
活动纪律		
参与程度		
合作精神		
探究能力		

优秀个人（连队）标准：

①活动纪律：服从安排，秩序井然。

②参与程度：全员（全程）参与，积极参与。

③合作精神：互帮互助，认真倾听，乐于分享。

④探究能力：善于发现，敢于提问，创造性解决问题。

7. 活动过程

(1)分组并明确活动任务

活动场地：深圳市中小学德育基地风雨训练棚舞台前。

①按部队建制分组、授旗、学唱军歌。

②分发活动手册(学生人手一册)，然后前往后山脚下拓展训练场“中国工农红军长征路线图”红色大理石碑前。

③介绍红军长征历史背景及过程。

④介绍活动过程、活动规则及注意事项。

(2)穿越峡谷

活动场地：深圳市中小学德育基地生态谷、百果园。

①激趣导入。

②体验穿越，森林探究。

学生观察、探究、辨认植物，了解野外生存常识；教师指导。

③分享。

④教师点评。

(3)模拟“遵义会议”

活动场地：深圳市中小学德育基地“遵义会议会址”(仿造)。

①分配角色，明确任务，说明活动要求，排练。

②情境导入(略)。

③模拟召开遵义会议(角色扮演)。

④教师点评。

(4)过雪山草地 · 战地救护

活动场地：“遵义会议会址”背后山林及林中“突破封锁线”(U 形绳网、绳洞)和另一山头上的模拟“翻越雪山”拓展场地等。

①在山林中和另一山头上完成“突破封锁线”和“翻越雪山”等项目。

②在山下平坦场地，了解战地救护的基本知识：练习用三角巾、绷带等材料进行简单的止血包扎；学会利用竹竿、树枝、衣物(布条)等制作简易担架，并能快速、安全地转运“伤员”。

③学生分享，教师点评。

(5)飞夺泸定桥

活动场地：深圳市中小学德育基地“泸定桥”(水上)。

①活动准备：教官指导学生正确穿救生衣；负责安全防护的教官在“泸定桥”下划小船以备紧急救护；教官讲解活动规则及注意事项。

②情境导入：“飞夺泸定桥”背景介绍及情境描述。

③体验：学生依次过桥。

④学生分享，教师点评。

在分享环节，教师(教官)应引导学生观赏“飞夺泸定桥”油画或壁画，想象当年红军“飞夺泸定桥”时桥下是湍急的江水，迎面是敌人猛烈的炮火，而且桥面木板几乎全被敌人抽走只剩下几根铁索……在如此奇绝惊险的环境中，在决定红军生死存亡的重要关头，22位红军勇士怀着必胜的信念，背着大刀，端着冲锋枪，冒着敌人的枪林弹雨奋勇冲杀，终于夺得了泸定桥，实现了红军大部队的成功转移。目的是让学生由此感受伟大的长征精神：不怕牺牲、前赴后继的精神，勇往直前、坚韧不拔的精神，众志成城、团结互助的精神，百折不挠、克服困难的精神。

(6)胜利会师(略)

8. 活动总结与反思

(1)学生参与的主动性、积极性较高，感受领悟比较深刻

通过活动体验，学生不再把“长征”仅仅当作简单的历史故事去阅读，

而是从历史、军事、生存和自然环境等多个方面去感悟；对长征精神的理解也不再停留在文本记忆的层面，而是切身体验之后的内心感悟与实现的升华。学生收获的也不单是相关知识与技能，还有未曾体验过的兴奋或遗憾……一位学生在“模拟遵义会议”活动后的分享中说：“我没想到历史中的长征，能以这样的方式再次呈现在我们面前，让我们可以参与其中。我既为自己没有出生在那样一个战火纷飞的年代而庆幸，也为今天能有机会参与‘长征’活动而感到荣幸！”还有学生在“战地救护”活动学习单中写道：“……今天我们不需要救国救民了，我们要强国富民；今天我们不需要勇于牺牲自己的生命了，我们更需要珍爱与保护生命。时代变了，但一脉相承的是那种对理想信念的执着……”

学生之所以能在活动中沉浸其中并有所感悟，与教师反复试课、精心设计直接相关。例如针对“模拟遵义会议”这一活动，教师为了人人都能参与体验，避免学生在活动场地(仿造的遵义会议会址)内只是简单的参观、问答，特意编写了《遵义会议放光辉》剧本，创设情境，提供道具，并把全体学生分成三个小组，让各组人员在主持人和小组长的带领下进行《遵义会议放光辉》角色扮演活动。为保证学生更好地投入角色，教师还为学生准备了角色标牌，强化学生的角色意识。再如关于“体验战地救护”，在课程设计之初，有人提议采用“创设情境—学生思考—学生代表尝试包扎—教师点评示范—全体学生练习”的活动步骤，但几次试课后教师发现，在学生思考与学生代表尝试包扎的环节，学生参与度不高，大部分人沦为看客，尤其是坐在后排的学生甚至看都看不见，只能游离于活动之外。为了让学生人人都有机会体验，教师将学生分成若干个“救护小分队”，组内商议角色分工，团队协作完成“包扎止血”和“制作担架与伤员护送”两项任务。

(2)学生在分享环节大胆发言，充分表达自己的感悟

“重走长征路”主题之下有若干个活动项目，每个活动项目一般安排10～15 分钟的分享与评价。学生或完成学习单、评价表，或个人发言，或小组讨论后汇报……种种形式都力求让学生在活动之后有总结、评价，有表达与分享的机会。观察发现，学生往往在这一环节中表现出色，发

言有条不紊，评价也比较中肯。例如在“模拟遵义会议”这一活动中，分享与评价环节共分为三步。首先是“记者采访”。教师充当记者以采访的形式引导学生分享自己在角色扮演活动中的体验，这时候学生刚结束活动，很多人还停留在刚才的兴奋之中，一听到采访马上安静下来，想听听“记者”提出怎样的问题以及被采访者又有怎样的答问；教师从“遵义会议中的哪个人物让你印象深刻?”“你认为自己在扮演活动中的表现怎样?”等问题入手，一问一答，引导着学生对活动内容和在活动中的表现进行回顾、反思。接下来是“小组自评”。各小组依据活动学习单在组长的主持下小声地讨论，反思个人和团队在活动纪律、参与程度、合作精神和探究能力方面的表现。学生大多能通过与评价单上的“优秀标准”进行对照，用比较精炼的词语做出概括性评价并填写在表格上，有特殊情况需要说明时往往会在口头汇报中进行解释与补充。活动的最后，教师在学生汇报的基础上，针对某些问题进行深入拓展，提出自己的看法，与学生一起讨论，将学生的思维引向远方。

(3)学生在活动中获得了对综合素养、综合能力的深刻认识

“重走长征路”将“野外生存”“战地救护”“野外行军”“穿越峡谷”“过雪山草地”“飞夺泸定桥”“模拟遵义会议”等分项活动以“长征”为主题一线贯穿，打破了一般“重走长征路”的活动模式，将革命传统教育、生存教育、生态环境教育等相关内容融合一起，丰富了学生的活动体验内容，为学生在活动中发展综合实践能力提供了良好平台。一项“野外行军”，有军事常识与行军能力的考验，有野外生存问题的挑战，更有团队协作和纪律作风的磨砺；一项“模拟遵义会议”，有对历史知识的学习，有对诗歌创作的领悟，有对戏剧演出活动的体验，打破了传统单一的德育模式。这为参与活动的师生带来了全新的挑战，也让学生收获了“不一样的长征”。很多学生在活动结束后纷纷发表感言：“我本以为‘长征’就是爬山过河，体验之后才发现，原来它是这么丰富多彩!”“‘长征’真是一门大学问，我感觉自己差点就倒在半路上了！……以后还是要多学多问才好。”“这次活动带给我最大的收获就是我明白了‘长征’的不简单！天文、地理、政治、人文知识都懂透了，才能走好长征。”

(4)活动有待进一步探索改进的方面

①“重走长征路”是一项大型综合实践活动，之所以说它大型，一是因为该活动的活动空间范围广，包括军训大棚、战地救护训练场、生态教育园、遵义会议会址(仿造)、后山森林(模拟雪山草地)、水上拓展训练场(“泸定桥”)、国防教育园、胜利会师楼等活动场地，学生总“行军”路程超过两千米；二是因为该活动的内容丰富且综合，有红色革命传统教育、生态环境教育、野外生存训练等，需要众多的教师(目前至少需要11位教师)同时参与组织指导，才能保证六到七个班的学生在一天之内全部完成该活动。场地大、人数多、内容多，对活动的组织提出了不小的挑战。如何合理地安排活动进程，如何科学有效地指导学生的学习与训练，从而使学生既能深度体验，又能劳逸结合、感受快乐，这需要我们今后继续不断探索，不断改进。

②像其他户外活动一样，“重走长征路”活动对天气的依赖性强，大风大雨或过冷过热天气都会增加活动的难度和安全风险；另外，活动的空间范围广，地形错综复杂，道路曲折坎坷，本身也存在学生跌倒、落水、擦伤或被虫蛇咬伤的安全风险。以前我们开展此项活动时都采取了一定的安全防范措施，特别是遇到刮风下雨就停止开展此项活动，所以没有出现过学生安全事故。但是，从另一个角度看，活动的户外环境复杂，存在一定的不确定性和安全风险，这对野外生存教育来讲又何尝不是一种难得的实实在在的教育情境？在风险可控和有充分安全预案(对身体状况特殊学生可免其参训)的前提下，我们是否应该利用上述真实的自然环境对学生进行“长征精神”培养和野外生存训练呢？这是值得我们考虑的。

③“重走长征路”作为课程自然有规定的活动量，但作为一种活动性课程，它又具有开放性和生成性特点，活动过程中往往会出现一些意外情况，这些意外情况往往正是我们的教育契机，但应对这些意外情况无疑会拖延活动时间。比如在“穿越峡谷”“野外行军”时，学生看到路边或附近有自己没见过的动物或植物都会惊讶、好奇，他们会追着教师问这问那，那么教师正好可以借此机会开展自然教育；在“飞夺泸定桥”活动

中，胆小者会站在“泸定桥”上裹足不前；在“穿越峡谷”和“翻越雪山草地”时坡陡路窄，学生需要排成一列纵队行进，偶有个别学生畏惧不前或滑倒，老师会赶到场指导处理或帮助处理，这自然会拖延活动时间。如何对活动时间进行合理规划，解决计划与意外的矛盾，如何处理预设与生成的关系，是我们今后需要研究解决的又一重要问题。

（四）中学生模拟法庭

1. 活动主题

弘扬法治精神，做遵纪守法的公民。

2. 活动对象

深圳市育新学校职高学生。

3. 活动时间

2015 年 12 月 4 日。

4. 活动目的

模拟一场具有较强针对性和实用性的法制教育活动，宣传普及法律知识，提高学生法律素养。学生通过活动，真正认识到法律与自己的成长息息相关，提高学法和用法的能力，能正确运用法律保护自己并知法守法。

5. 活动目标

①了解和掌握人身伤害的相关法律条文，学会运用相关条文处理问题。

②了解和熟悉刑事诉讼的法律程序，感受法律的神圣和不可侵犯的特点。

③培养学生良好的遵纪守法意识，懂得公民的权利与义务。

6. 活动准备

①教师根据案例指导学生学习相关法律条文；学生熟悉案例案情，分配角色。

②法律教师带领学生参观深圳市法庭公审活动，熟悉法庭审判程序。

③师生根据案情和审判程序编排剧本。

④模拟法庭场地、服装、道具的准备。

⑤摄影摄像设备的准备。

7. 活动过程（1 课时）

学生按照自己扮演的角色和法庭开庭的程序进入模拟审判活动。

基本案情：高康与徐坚同为创新职业高中的在校学生。2015 年 9 月 11 日，课间操时间，高康不小心踩了徐坚一脚，两人当场大吵，徐坚打了高康一拳。正当高康准备反攻时，他被同学拉开。事后，高康越想越生气，觉得徐坚不讲道理，让自己在同学面前丢脸。当天晚上，高康约了自己的好朋友高源和邓龙(邓龙也为创新职业高中的学生)准备第二天报复徐坚。第二天放学后，三人在徐坚回家的路上等候。徐坚出现后，三人立刻上前将其拦住，对徐坚进行殴打。徐坚脱身后撒腿就跑。此时，高康拿出随身携带的匕首向徐坚刺去，徐坚左手臂顿时鲜血直流。徐坚大呼救命。见状，高康、高源、邓龙急忙逃跑。第二天，高康、邓龙向学校保卫科投案自首，高源被公安机关抓获。

(1)庭前准备(5 分钟)

书记员在宣布开庭前，依次做好相关工作。

①查明公诉人、当事人、证人及其他诉讼参与人是否到庭。

②拟出庭作证的证人、鉴定人应安排在庭外休息，等候传唤。

③入庭(站立)宣读法庭规则。

④请公诉人、辩护人入庭。

⑤(公诉人及诉讼参与人就座后)宣布：全体起立，请审判长、审判员入庭。

⑥(审判人员就座后)宣布全体人员坐下。

⑦(全体人员坐下后)当庭向审判长报告庭前的各项准备工作已经就绪："报告审判长，公诉人、被害人及诉讼代理人、辩护人等有关人员已经到庭；被告人已经在羁押室候审，开庭前的预备工作已经就绪，报告完毕。"

⑧书记员就座。

(2)开庭审理(5 分钟)

审判长按照程序提审被告人。

(3)法庭调查阶段(10 分钟)

①控辩：审判长宣布进入法庭调查阶段。

②法庭举证和质证：审判长宣布由控辩双方举证。

(4)法庭辩论(10 分钟)

①合议庭认为案件事实已查清后，宣布法庭调查结束，开始就全案事实、证据、适用法律等问题进行法庭辩论。法庭辩论应当在审判长的主持下，按照下列顺序进行：公诉人发言；被害人及其诉讼代理人发言；被告人自行辩护；辩护人辩护；控辩双方进行辩论。

②辩论一般只进行两轮，审判长应当引导双方就有争议的问题进行辩论，对于与案件无关的发言或者已经阐述过的重复辩论意见应当制止；若辩论中发现新的事实，认为有必要的，审判长应当宣布暂停辩论恢复法庭调查，待事实查清后再继续辩论。

(5)被告人最后陈述(5 分钟)

审判长宣布由被告人做最后陈述。

(6)评议和宣判(5 分钟)

(法庭审理结束。)

①审判长宣布评议和宣判。

依据《中华人民共和国刑法》第六十七条、第二百三十四条及《中华人民共和国刑事诉讼法》第十五条等的规定，判决如下：

一、被告人高康犯故意伤害罪，判处有期徒刑二年。

二、被告人高源犯故意伤害罪，判处有期徒刑一年，缓刑二年。

三、被告人邓龙不构成犯罪，由法庭当庭进行训诫。

四、随案移送的作案工具匕首一把予以没收。

如不服本判决，可在接到判决书第二天起十日内，向深圳市中级人民法院提出上诉。

②书记员宣布全体起立，请审判长、审判员退庭，法庭审理结束。

8. 活动分享

①学生按照角色逐一讲述自己的活动感受。

②教师训诫语："今天站在被告席上，你们也许很后悔，也有些迷惑——你们就是去给高康助威了，怎么就成为被告接受审判了呢？'法网恢恢，疏而不漏。''勿以恶小而为之，勿以善小而不为。'这就要求你们在今后的人生旅程上，学法、知法、守法，用法律保护自己的合法权益，同时也要尊重他人的合法权益，要坚持正确的做人原则，做自己的主人，不要被他人所左右、利用，不要盲从。你们今后的人生道路还很漫长，你们要记住：在哪里跌倒的，就在哪里爬起来。今后你们一定要好好地把握住自己人生的方向盘，使它不再偏航。相信你们的明天依然阳光灿烂。"

9. 活动注意事项

①学生必须熟记法庭审判程序，根据程序开展活动。

②参与角色扮演的学生必须熟记自己的角色以及相关的法律条文，在活动中能快速进入角色并显示出法律的威严。

10. 活动总结与反思

(1)在本次活动准备过程中，学生挑选角色的过程也是一次非观念的教育过程

模拟法庭活动只需要 12 个人参加。在教师公布案情和角色之后，同

学们报名积极，尤其是愿意当审判长和审判员，哪怕是陪审员也可以，却没有一个同学愿意当被告。问及原因，其中一个王同学说：“穿上法官的‘法袍’，敲一下‘锤子’，多威风。”教师解释说：“那不是锤子，它在法庭上叫法槌。法官敲法槌，是震慑犯人的。”学生说：“是的，我一敲，感觉自己就像法官一样，就像法律掌握就在我手中。”教师说：“那你是不是想定谁的罪就定谁的罪?”学生笑着说：“老师，怎么可能，你如果让我扮演法官，我一定当一名公正不阿的法官，把犯罪的人审判得无话可讲!”事实证明，这位王同学在整个审判中，严肃认真，一丝不苟，不仅把所有的审判程序记得清清楚楚，而且还主动协助教师排练，纠正其他“审判员”的不当之处，俨然就是一位正直的“法官”。在角色的挑选中，这种积极向上的暗示作用，起到了很好的教育作用。角色扮演的魅力就在其中。鉴于学生的心理状态，在选被告角色时，教师一般选择平时正直、很少违反校纪校规的学生会干部。一方面，他们能力强，扮演角色投入；另一方面，这不会让学生自己产生错误的暗示，也不会让其他学生对号入座。

(2)本次活动达到了预期的教育效果

在本次活动中，学生根据案情和刑事诉讼的审判程序进行编剧和角色扮演，模拟和再现了几个学生因打架斗殴而违法受审的案例。同学之间因一件小事情而聚众斗殴，最终酿成后果，接受法律当然制裁。学生在整个活动排练中，一次比一次投入。尤其是审判长和审判员，他们在参观完法庭公审活动后，对自己的言行要求更高：站姿，审判时的语速，宣读审判结果时的认真，无一不把法律的威严呈现出来。在他们三个人的带动下，其他成员也积极参与其中，共同商议如何才能模拟得更好。活动结束后，学生在叙述时谈到，本次审判的事件与他们的生活息息相关。因高康不小心踩了徐坚一脚，徐坚生气打了高康一拳，这样的事情常常出现。不料，两人因不善于控制自己的情绪而触犯法律。审判活动对学生触动很大，使学生在角色扮演和观摩活动中感受到了法律的威严。

(3)学生在活动中生成的问题同样具有教育价值

法律条文是抽象和理性的。对学生来讲，学习和记住法律条文有很大难度，但是采用角色扮演、模拟法庭的形式进行学习，既可以激发学生的学习兴趣，又可以让学生在参与活动中活学活用法律条文，把理论与实践相结合，得到学以致用的效果。尤其是在使用法律的过程时，如在排练过程中，学生还在疑问：“这么一点小事，就要蹲监狱？不至于吧。”教师结合相关的法律条文，详细地解释了人身伤害的危害性。还有一个学生说：“不就蹲两年监狱吗？不用上学，啥事都不用做，多好。”面对这样的说法，教师及时组织学生进行讨论学习。接受法律的制裁后，人不仅失去了人身自由，被剥夺了一些基本的权利，更重要的是留下了案底。教师又带领学生查阅资料，了解什么是案底及留下案底的影响。经过对这些问题的澄清，学生明白了法律的公平性和不可侵犯性，纷纷表示今后一定要学会控制自己的言行，不可冲动，更不可打架斗殴。

教师在活动总结时的拓展延伸，把人身伤害的相关法律进行了梳理，包括故意伤害和意外伤害的相关法律，使学生对人身伤害的相关法律条文有了全面和深入的了解。

(4)教师对学生的信任，是活动取得很好效果的保证

法律课不同于其他的课程，法律规范的严谨性，不得有任何个人的感受参与其中。很少参与法律活动的学生在角色扮演时都很吃力，但是，教师把剧本和角色分下去后，排练时陪在他们身边；当他们出现问题时，指导他们梳理和学习相关法律条文；编排剧情时，充分信任学生，让学生根据程序和剧情自行演示；当学生有不对的地方时，随时调整，如学生在表述过程中的表情动作需要符合法律的特点和作用。这样，学生在学习过程中，既充分发挥了自己的主动性，又可以潜移默化感受到法律的威严和不可抗拒性。

（五）“我可以！”——中学生领导力提升活动

1. 活动主题

中学生领导力培养。

2. 活动对象

深圳市新鹏职业高级中学高一、高二年级学生会干部和各班班长共

21 名学生。

3. 活动时间

2017 年 6 月 16 日 14：00—17：00。

4. 活动目的

通过本次拓展活动提高学生干部的团队合作和沟通能力，培养学生干部的领导角色意识和领导能力。

5. 活动目标

①学生能全身心投入活动。

②活动结束时学生能真实地表达自己的活动感受。

③学生能在今后的学生管理过程中使用在活动中收获的领导工作方法。

6. 活动准备

①加强活动宣传，提高学生的参与度；活动前，面向参加本次领导力训练营的学生进行活动意义的宣传，提升他们参与活动的主动性。

②妥善安排好培训师和场地设施。

③准备好摄影摄像设备，方便活动场景再现，从而让学生更加直观地对领导行为进行分析，同时也有利于保留活动资料。

7. 活动过程

(1)热身活动——“反口令”活动(10 分钟)

目的：活跃气氛，让学生从身体和心理上都进入活动状态。

第一轮：与培训师口令一致，行为动作也一致。

第二轮：与培训师口令一致，行为动作相反。

第三轮：与培训师口令相反，行为动作一致。

(2)团队建设活动(30 分钟)

目的：增强小组凝聚力，为领导力训练活动做准备。

①分组。在热身活动中根据口令“1、2”自然分成两组，每组 10～11 人。

②小组文化建设。各组根据自己组的特点起队名、做队旗、编口号、

唱队歌，要求积极向上(20 分钟)。

③小组文化展示(6 分钟)。

④小结。

(3)主题活动——同心鼓(60～90 分钟)

目的：培养学生的领导角色意识，提高领导技能，同时提高团队合作与沟通等能力。

①活动介绍：这个活动叫同心鼓，也叫击鼓颠球，这是一个考验团队协作能力的项目。

②活动规则：每人牵拉一根或两根鼓上的绳子；颠球开始后鼓不得触地，球飞离鼓面后不得将鼓摔落在地上，放下时要慢；球颠起的高度不低于鼓面 20 cm，否则不计数；在 5 分钟内颠球数量多的小组获胜。

③安全事项：检查鼓的引绳是否拴牢，球是否破裂；检查场地是否平整，是否有杂物；所有的绳子必须都有学员牵拉，防止落在地上绊倒同学；所有人必须穿运动鞋。

④小组讨论和试练阶段。

⑤比赛阶段：5 分钟内颠球数量多者获胜。第一轮比赛，每组选 6 人参加比赛。第二轮比赛，所有人参加比赛。

(4)活动分享

分享原则：先情感分享，后理性分享。

讨论问题示例：

①你在活动中的感受是什么？

②最令你感动的是什么？最令你难过的是什么？最令你气愤的是什么？……

③你们的颠球方案是如何确定的？

④你觉得团队获胜的原因是什么？失败的原因是什么？

⑤你觉得你们团队的领导者是谁？他是如何成为领导者的？效果如何？

(5)撰写活动心得

同学一：同心鼓，心在哪里？这不是一种寻找的过程，而是一种意识。当你具备了这样的意识，并付诸行动的时候，它将会直接影响你自己的行为，影响你自己的环境。这是我们应该思考和践行的。在同心鼓活动中，心应该在活动的一方，应该在最需要我们支持的地方，应该在我们的共同需要得到满足的地方。正如在活动过程中我们的主要关注点就是活动的核心。针对同心鼓来说，我们的核心就是鼓，就是鼓是否能够在球的下方出现，并有效地弹起来。那么我们就应该往同一个方向，找到同一个目标。

同学二：我们在摸索的过程中，发现必须有一个头脑灵活、有才能、有经验的人做指挥者，否则队伍会乱。我们组的张同学主动担起了这个责任，而且给出了一个很好的思路，于是我们找到了要诀，最终我们胜利了。但是，世界上没有一直可行、完美无缺的方案，正是因为我们想得太少，预备方案不足，导致我们在第二轮名落孙山。在后来的总结中，我们发现其实我们把压力都给到了张同学，其他人没有发挥自己在团队中的作用，完全依靠张同学的领导，有想法也不说，这可能就是我们失败的最大原因。

同学三：通过本次活动，我们都受益匪浅。我发现一个领导者要有良好的决策能力，并能听取大家的意见。为了听取大家的意见，我们今天还学习了“罗伯特议事规则”，这一规则可以让每个人都发言，尊重每一个人。我们队凸显的问题是想领导这个团队的人太多，都不知道听谁的。这个游戏告诉我们，一定要有一定的团体规范来整合大家的意见，这对今后的班级管理和学生会工作大有裨益。

8. 活动注意事项

①活动需要良好的氛围，因此热身活动很重要。

②大家在活动中要注意安全。

③拓展活动一定要重视分享环节，而且不同的活动应该有不同的分享点。

9. 活动总结与反思

著名管理学家德鲁克早在1993年就提出，明天的学生必须为同时生活和工作在两种文化中做准备：一种是“知识人”的文化，另一种是“管理人”的文化。中学生领导力活动课程旨在培育中学生的领导理念，提高其领导力，进而全面提升中学生素质。

(1)活动安排遵循了领导力形成的规律

有学者已经概括出了青年领导力发展的三个阶段：意识阶段、人际交互作用阶段及技能掌握阶段。本次活动就是按照这样的逻辑进行活动安排和实施的。特别是在实施阶段，前期的活动重在领导力意识和团队合作意识的培养，而后期的活动重在人际交往和领导力技能的提升。

(2)活动秉承了活动德育的精髓

活动德育是在反省传统德育的弊端并克服了认知主义德育局限的基础上，为突出德育的主体性和实践性而提出的一种德育模式。所谓活动德育，就是在活动中通过活动且为了活动的道德教育。活动(个体自主活动)既是德育的目的，也是德育的手段。活动成为个体道德发生、发展以及道德的个体意义实现的源泉。活动德育具有情境性、实践性、参与性、反思性等特点。拓展活动是活动德育的重要形式之一。本次活动脱离了原有的教学模式，让学生在活动中互动，让课堂变得像一个大的交流平台，将学生引向模拟现实的情境，让学生在活动中体验，在体验中感悟，在感悟中升华。学生在活动中体验团队合作，感悟领导力的角色责任和领导技能。

(3)今后开展类似活动需改进的方面

活动德育具有反思性和生成性的特点。拓展训练活动要尤为重视学生在活动中的反思和生成；要给出足够的时间让学生多发言，让学生把在活动中的体验和感悟与自身工作相结合，反思自己在实际工作中的问题。在本次活动同心鼓中，由于教练对学生在现实中的表现不够熟悉，因此分享和总结不够充分。

（六）孤岛求生

1. 活动主题

沟通合作，共生共赢。

2. 活动对象

深圳市育新学校九年级(1)班学生。

3. 活动时长

100 分钟。

4. 活动目的

让学生在模拟的孤岛环境中通过参与体验“孤岛求生”的过程，体会人与人之间和团队与团队之间沟通、合作与共赢的关系，明白在现代社会里人与人之间、团队与团队之间有效沟通与合作的重要性，由此树立起合作意识，学会沟通与合作。同时，通过活动，让学生领悟求异思维的价值，懂得在学习和生活中自觉突破思维定势，善于创新和创造。

5. 活动目标

①学生能积极参与活动过程，并体验活动的快乐。

②学生在活动中能积极思考，探索解决问题、完成任务的途径与方法，并最终按要求解决问题、完成任务。

③活动过程中小组成员服从组长指挥，同学之间注意配合。

④学生在分享环节积极发言，并能联系实际谈谈自己对合作共赢的理解与感悟。

6. **活动准备**

①场地准备：利用实践基地“孤岛求生”项目场地。

②器材：两块长 2 m、宽 30 cm 的长板，两块长 1.5 m、宽 30 cm 的短板，两根长 30 cm、直径为 15 cm 的圆木。

③设计活动任务书(此处略)。

7. **活动过程**

(1)课程导入

①分组及团队建设(10 分钟)。为使学生能够深度参与体验和充分讨论，教师将全班 46 人分为 4 个团队，其中第一队、第二队各 12 人，第三队、第四队各 11 人。本次活动课上第一队、第二队参加“孤岛求生”项目，第三队、第四队参加“毕业墙”项目；下次活动课上第一队、第二队参加“毕业墙”项目，第三队、第四队参加“孤岛求生”项目。每队选出队长，设计队徽、队旗，确定队歌及口号等。

②热身：运球接力比赛(10 分钟)。游戏热身，一方面有助于增进团队成员的协作精神，另一方面有助于形成团队的竞争意识，为后面的“孤岛求生—合作共赢”营造竞争性的心理预设，使活动更具挑战性和戏剧性，也更能强化合作共赢的意识。

③教师做关于活动情境和任务的陈述。在现实的“孤岛求生”项目场地中，A、B、C、D 四个圆盘代表四座孤岛，其周围都是汹涌的海水。(注意：A 岛与 C 岛的距离、C 岛与 D 岛的距离、B 岛与 D 岛的距离相等，A 岛与 B 岛的距离略小于上述岛屿之间的距离，但这些都不能让学生知道。如果有学生问起相关问题，教师可让学生自己观察)。现 A 岛和 B 岛各有一支探险队。据预测，50 分钟后因潮水上涨，A、B 两个岛屿将被海水淹没，岛上的探险队员只有逃到 C 岛或 D 岛才能求得生存，而每个岛上可利用的逃生工具只有一块长 2 m、宽 30 cm 的长板，一块长 1.5 m、宽 30 cm 的短板和一根长 30 cm、直径为 15 cm 的圆木。情况紧急，请 A 岛和 B 岛上的探险队员在 40 分钟内撤离各自所在的岛屿，到达 C 岛或 D 岛以求得生存。

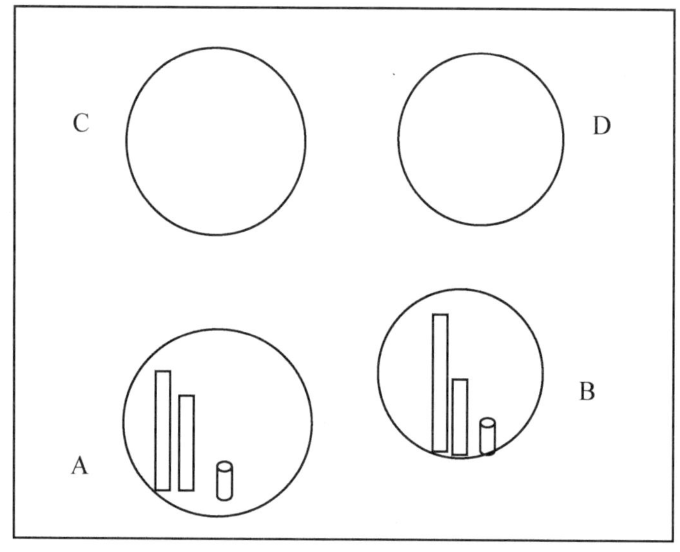

(2)教师宣布活动规则与要求

第一，完成任务的过程中，两队队员只能利用逃生工具从所在圆盘(岛屿)到达C岛或D岛，不得离开圆盘走到地面上，否则将视该队员掉进海里，那么该队员须立即退出活动，并扣该团队1分。

第二，完成任务的过程中，队员不得让木板或圆木完全掉到圆盘之外的草地上(模拟海面)，否则该团队将失去掉落的工具(掉落1件扣1分)。

第三，活动过程中，所有队员应听从队长指挥，积极思考，寻找解决问题(在特殊的环境条件下和规定的时间内求生)的办法，可以讨论，但禁止大声喧哗或争执；当有疑问时应首先认真阅读任务书，尽量不向教师寻求帮助。

第四，活动过程中严禁拥挤、推搡，防止队员跌倒或产生冲突；使用工具时须小心，防止发生队员被木板撞击或夹伤肢体等危险情况。

第五，队员在回顾与分享环节应积极发言，能用简洁的语言说出自己在活动中的真实想法和感悟等。

教师在课程导入和强调活动规则时要语言精练、重点突出、讲解清楚，确保队员了解任务及要求。

(3)活动进行

教师在学生活动过程中要注意发挥监控作用。

第一，鼓励所有学生参与挑战活动。

第二，监控学生在活动过程中是否遵守规则及要求，如不遵守，要及时提醒或处理。

第三，观察、记录学生在整个活动过程中(解决问题时)的表现，为活动评价和进一步改进活动方案提供依据。

第四，此活动的意义在于让学生通过亲历“孤岛求生”的过程，最终发现只有两队合作(整合利用两组各自的逃生工具搭桥，将两个岛上的人员集中到一个岛上，然后再利用所有工具搭桥即可让全部人员逃到 C 岛或 D 岛)才能实现求生的目标，否则两队队员都不能实现求生目标，从而让学生通过体验发现、感悟“合作共赢”的道理。因此，教师在活动前不应将活动主题“合作共赢”告诉学生，也不能在活动过程中暗示学生合作，否则就失去了活动的意义。只有在学生尝试了 40 分钟(只想到竞争，只想本团队自己解决问题，而不是与另一团队合作)后仍不能想到通过合作解决问题时，教师才可以给予一定的暗示或提示。

(4)活动回顾与分享(40 分钟)

参加活动的所有学生围坐成一个圆圈，每个学生先写出活动感受，然后自由交流分享，同时教师小音量播放背景音乐。分享时学生之间可以互动，同时教师耐心倾听，不强加个人意见，注意控制发言人的分享时间。

学生个人的总结要点如下。

①拿到任务书(或听教师布置任务)后我首先想到了什么？

②我是怎么到达另一个岛的？我所在的团队是如何到达另一个岛的？(如未能到达另一个岛，不回答此题)

③我们为什么没有完成任务？(如果完成了任务，不回答此题)

④我在团队活动中做了哪些贡献？(提了什么建议？发挥了什么作用？)

⑤我参加活动后的感想和体会是什么？(举例说明合作的意义)

(5)教师点评与提升

教师在学生回顾与分享的基础上加以引导，进一步深化活动主题。

①总体评价学生及两个团队在活动中的表现。

②强调沟通与合作的意义。合作共赢是指两个以上的人或两个以上的团队在共担一项任务或实现共同愿望的过程中相互沟通、相互理解、相互配合、相互支持，从而实现双方或多方的共同愿望或达到各自的预定目标。同一个团队里的各个成员需要合作，不同的团队之间也需要合作。

当今时代是一个竞争十分激烈的时代，不参与竞争、不善于竞争的人终将被淘汰。个人是这样，团队是这样，国家也是这样，所以我们要敢于竞争，善于竞争，因为竞争能激发我们的潜能，竞争能提升我们的创造力，竞争能促进个人、团队和国家的发展。同时，当今时代更是一个合作的时代，人与人之间需要合作，团队与团队之间需要合作，国家之间也需要合作。合作才能发展，合作才能共赢，合作才能提高，合作甚至比竞争更为重要，因为合作可以实现 1 加 1 大于 2。作为现代人，我们尤其要树立合作意识，无论在生活中还是在工作中，我们都要懂得合作，善于合作，通过合作共克时艰，共赢时机，提振信心，共同发展。

③要学会打破思维定势，善于创新和创造。在模拟“孤岛求生”的过

程中，团队成员在反复探索、不断失败的过程中，往往只想到竞争，只想到自己所在的团队如何能比另一个团队先到达目标岛屿从而战胜对方，这是一种思维定势。事实证明，如果不突破这种思维定势，就不可能想到有效解决问题的办法。一旦我们突破了思维定势，想到竞争的反面——合作，并尝试合作，就实现了资源共享并通过合作实现了各自的愿望——求生。在日常的学习、工作和生活中，我们经常需要自觉突破自己的思维定势，善于发散思维和求异，最终找到解决问题的最佳途径。

8. 活动总结与反思

合作共赢是人们在现代管理、组织交往和人际交往中应该秉持的一个重要理念。善于合作也是现代人的必备素质。如何让学生通过亲身体验深刻理解并牢固树立合作共赢理念，是中小学德育应该特别关注的内容之一。

“孤岛求生”原本是针对企业管理设计的经典拓展训练项目。该项目以大海、孤岛和其中两个孤岛即将被海水淹没为情境，以孤岛上的人逃离孤岛求得生存为目标，利用具有挑战性和趣味性的任务驱动学生自主探究、自主解决问题。这一看似简单的游戏活动蕴含的道理、揭示的问题等能够震撼参与者的心灵，并让参与者因此认同合作的价值。

在本次活动中，教师的准备工作做得比较充分，注意活动情境的营造；活动过程各环节组织有序，且能根据学生的表现及时调整活动节奏；学生参与积极，能尝试用各种方法解决问题，体现了综合实践活动的开放性和生成性特点。

活动开始前热身环节的对抗赛，首先强化了学生的竞争意识，也就是强化了学生的思维惯性，为学生预设戏剧性的心理“陷阱”——将竞争意识习惯性地带到后面完成“孤岛求生”的任务中，即仍然想着如何比另一组更快地逃离孤岛，到达安全岛(C 岛或 D 岛)，并根据这种心理预设进行尝试。结果，无论他们进行怎样的尝试，如果他们仅用自己岛上的一块长板、一块短板和一根圆木，根本不可能建立起连接 A 岛与 C 岛(安全岛)或 B 岛与 D 岛(安全岛)之间的桥梁，也就不能使本组队员通过这座桥梁到达对面的安全岛。

多次尝试失败的结果促使一些队员调整了关注点：有人开始注意观察另一岛屿上队员的表现，看看他们如何做。另一岛上的队员同样是无可奈何，甚至有点垂头丧气。这时班级的“话痨”陈同学对身边的同学说：“老师肯定是故意折腾我们的，我们用这些工具完全不可能到达安全岛。”陈同学明明是说给老师听的，但他不敢正视老师。老师笑着对同学们说：“大家辛苦了，坐在岛上稍微休息一下。老师平时是喜欢折腾你们，但是只要你们想尽办法，最后都能完成任务。老师今天给你们所有的(把‘所有的’三个字说得稍微慢了一点)器材，可以让每一个(‘每一个’同样说得稍慢一点，这样不至于提醒得太明显)同学安全到达目标岛！挑战不可能，赢的就是挑战二字，我们再好好试试！”

突然有队员恍然大悟地叫道：“能不能两个团队合作呢？比如，能不能在 A 岛和 B 岛之间架起桥梁，将两个岛上的人集中到一个岛(A 岛或 B 岛)上，这样我们就可以有两块长板、两块短板和两根圆木，搭桥的工具就多了一倍。”经过思考、尝试，结果有学生发现两个岛上的人各自将本岛的一块长板的一端用短板压住，并尽可能将另一端伸向另一团队所在岛屿的方向，两块长板就可以搭成一座桥梁，这时一个岛上的人就可以通过这座桥集中到另一个岛上。

当大家集中到 A 岛(或 B 岛)上时，任务就变成了如何用两块长板、两块短板和两根圆木搭建连接 A 岛和 C 岛的桥梁，然后所有人由 A 岛通过这座桥梁逃到 C 岛。经过短暂的商讨，两组队员开始共同架桥：他们用一块短板压住一块长板的一端，然后短板上站上四个同学以压住长板，使长板的大半段悬空并正对着对面的安全岛(C 岛)，仿佛已经建好的“半截桥”。三个高个子同学抬着另一块长板慢慢走在“半截桥”上，他们试图将抬着的长板的一端架到对面的 C 岛上，将另一端架在脚下的长板上，但他们刚一迈步就发现，脚下的长板根本承受不了他们三个人和手中木板的重量，于是赶快退回来，把个子高大的同学换成个子瘦小的同学继续尝试。走着走着，小个子同学又没有足够的力气把抬在手上的长板伸到对面的安全岛(C 岛)上。尝试再次失败。

第二次尝试失败后，队长又组织队员商讨解决问题的办法……这时，第一次尝试失败的小个子同学朱某就说："我们能不能将两根圆木夹在两块长板之间，让上面的长板向前滚动，这样就不需要三个人都站在脚下的长木板上了，既减轻了脚下木板承受的重量，又可以将上面的长木板推到安全岛上。"大家觉得这个主意好，于是再次尝试，但是，当小个子同学往前推动长木板时，放在前面的一根圆木很快掉落到岛的外面，于是他们失去了一件工具。

经过三次失败，队员们难免有些泄气。他们有的盯着对面的岛说："我有一双翅膀就好了，可以飞到安全岛上去。"还有同学说："我们干脆游过去吧，这样省事。"……后来有个队员说："我们只用一根圆木当作滚轴，将其夹在两块长板之间，向前推动上面一块木板，不断调整圆木和上面长板的位置(不然圆木会掉到岛外)，应该可以。"这一次他们终于将桥搭成，然后所有人都顺利地到达了安全岛。

通过合作和资源共享并集中大家的智慧，两个团队最终共同完成了任务，全体队员显得异常兴奋。

在分享环节，学生根据分享题目进行思考和总结。评选最配合的队友时，大家一致认为某同学生善解人意，能很快领会他人的需求和指令，尤其是他准确而又快乐的回应让大家感觉很舒服，所以大家一致认为他是最受欢迎的队友。学生在分享中，感受到团队合作中良好的组织和沟通能力很重要，同时尊重他人、积极配合的精神也十分重要。还有学生谈到无条件信任在合作中的重要性，例如，一位女同学说："老师，我想告诉大家一个我最想感谢的同学，可以吗?"老师说可以。她说："老师，我看起来胆子挺大的，其实我最怕踏空，小时候我从楼梯上滚下来过，所以害怕独木桥。我有过打退堂鼓的念头，但认真想想又不行，因为你说了每一个同学都必须过去。我觉得我集体荣誉感挺强的，所以不敢退出。当我看到大家都没有办法过去的时候，我还暗自庆幸：幸好没有找到办法！不过，当办法想出来后，我同样高兴。我的队友，就是吴某娟，她看到我有情绪，就很关心我。得知情况后，她就一直在我身边鼓励我，尤其是在我过桥的时候，她的手都没有松开过，还特意找我们班的宋某帮我。她说：'我们都在你身边扶着你，你不用松开我们的手，我们可以

帮你的。'在她的鼓励帮助下，我终于完成了任务。在此，我再次感谢我的同学吴某娟。在这次活动中，我也感受到了信任他人也是信任自己。”钟同学(队长)说：“在这次活动中，我觉得视野很重要，不能只盯着自己眼前的一点事情，一定要学会借助他人的力量。如果我不是想着再次争取赢对方，我可能就不会只顾组内的活动了。在以后的活动中，我肯定会注意这个问题。”

今后开展此项活动需注意的地方主要有两点。一是要在学生开始活动前清楚地宣布任务、活动规则及要求。教师在宣布任务、活动规则及要求时务必让学生保持安静并认真倾听，确保每一个学生都清楚能做什么和不能做什么(可以抽查学生复述教师强调的内容)，以便让学生既自主活动，又自觉遵守活动规则。这一点容易被一些教师忽略。在本次活动中，在教师布置任务和宣布活动规则时，部分学生没有认真听讲，导致活动过程中一些学生不清楚规则和要求，需要教师反复提醒。例如，规则要求队员不得走到了岛屿之外，结果就有几个队员走到了岛屿之外，而且并没有意识到自己违反了规则。二是要注意分享和总结环节的问题设计和价值引领。问题与主题相关，且应该是开放的、有层次的，能鼓励所有学生积极反思，大胆分享自己的经验和感悟。对于一些不善言辞的学生，教师可以提一些具体问题、容易理解和回答的问题，让他们同样有机会分享。

参考文献

[1]班华. 现代德育论[M]. 合肥：安徽人民出版社，2001.

[2]陈平. 美国道德教育发展研究 [M]. 南京：南京大学出版社，2011.

[3][美]杜威. 道德教育原理[M]. 王承绪，等，译. 杭州：浙江教育出版社，2003.

[4][美]杜威. 杜威教育名篇[M]. 赵祥麟，王承绪，编译. 北京：教育科学出版社，2006.

[5]单中惠，王凤玉. 杜威在华教育讲演[M]. 北京：教育科学出版社，2007.

[6]郭元祥. 综合实践活动课程与教学论[M]. 北京：人民教育出版社，2013.

[7]郭元祥. 论实践教育[J]. 课程・教材・教法，2012(1).

[8][美]D. A. 库伯. 体验学习——让体验成为学习和发展的源泉[M]. 王灿明，朱水萍，等，译. 上海：华东师范大学出版社，2008.

[9]赖秀龙. 综合实践活动课程评价的研究[D]. 昆明：云南师范大学，2007.

[10]李臣之. 活动课程评价初探[J]. 课程・教材・教法，1997(7).

[11]李臣之. 试论活动课程的本质[J]. 课程・教材・教法，1995(12).

[12]李臣之. 综合实践活动课程开发[M]. 北京：人民教育出版社，2003.

[13]李树培. 综合实践活动课程学生评价研究[D]. 上海：华东师范大学，2003.

[14]孟庆男. 基于体验学习的课堂文化建设[J]. 课程・教材・教法，2008(6).

[15]宁彬. 论素质教育中学生主体性人格的塑造[J]. 深圳教育学院学报(综合版)，2000(1).

[16]戚万学. 活动道德教育的理论构想[J]. 教育研究，1999(6).

[17]钱贵晴. 综合实践活动课程与教学论[M]. 北京：首都师范大学出版社，2004.

[18]檀传宝，等. 问题与出路：若干德育问题的调查与专题研究[M]. 杭州：浙江教育出版社，2009.

[19]檀传宝. 学校道德教育原理[M]. 北京：教育科学版社，2003.

[20]陶行知. 陶行知教育名篇[M]. 北京：教育科学出版社，2013.

[21]魏贤超. 现代德育原理[M]. 杭州：浙江大学出版社，1993.

[22]杨春良. 回归教育原点——美国教育体验与反思[M]. 深圳：海天出版社，2013.

[23]杨培禾. 小学综合实践活动课程与教学论[M]. 北京：人民教育出版社，2015.

[24]张艳红. 德育资源论[D]. 长春：东北师范大学，2011.

[25]钟启泉，崔允漷，张华.《基础教育课程改革纲要(试行)》解读[M]. 上海：华东师范大学出版社，2001.

[26]钟启泉. 课程与教学论[M]. 上海：华东师范大学出版社，2008.

[27]朱恬恬. 基于多元智能理论的综合实践活动课程评价研究[J]. 当代教育论坛(教学研究)，2011(9).

[28]田慧生，李臣之，潘洪建. 活动教育引论[M]. 北京：教育科学出版社，2000.